Figuras notables en la historia de Canadá

Desvelando las extraordinarias vidas y el impacto de los iconos históricos más destacados de Canadá

Tabla de contenidos

Introducción

Canadá es hoy un país bien desarrollado, del primer mundo, pero hace poco más de 150 años, ni siquiera existía (como nación). ¿Cómo se convirtió en uno de los países más avanzados del mundo de la nada en tan poco tiempo? Se debió a los esfuerzos de unos pocos individuos elegidos a lo largo de la historia que la moldearon en una nación formidable.

Este libro desarrollará las espectaculares vidas de estos individuos excepcionales, desde sus asombrosas hazañas hasta sus excéntricas personalidades. ¿Cómo lograron transformar una nación que se extiende por más de cuatro millones de millas cuadradas? ¿Qué los hizo excepcionalmente calificados para hacerlo? ¿Qué dificultades enfrentaron y superaron (o no lo hicieron) durante su viaje?

Allí estaba el fundador de Canadá, un hombre con una visión única que también tuvo el coraje de seguir adelante con sus sueños. Sus discursos inspiradores todavía resuenan en todo el país hoy en día. Antes de él llegó un peculiar explorador que, junto con su grupo de pueblos indígenas, lideró audaces expediciones al extremo norte, más allá del Círculo Polar Ártico, en un intento de expandir las fronteras del país y el conocimiento humano.

Se fundó y se expandió una gran nación, pero aún no se había nutrido. A medida que las guerras se extendían por Canadá y más allá, surgieron muchos héroes con sus esfuerzos por traer la paz, algunos a través de medios políticos y otros a través de más violencia. En medio de esas batallas y maquinaciones políticas surgió un hombre cuyo nombre quedaría grabado en los registros históricos para siempre, gracias a su extraordinario invento que todavía se usa hoy en día.

El siglo XX no solo trajo la Primera Guerra Mundial a las puertas de Canadá, sino también un gran progreso, principalmente debido a un hombre que se convertiría en uno de los mejores primeros ministros de la historia del país. Sin embargo, son las mujeres las que tendrían un impacto aún más significativo en el paisaje canadiense.

Dos mujeres líderes lucharon por la igualdad de derechos cuando era un mundo de hombres blancos. Una autora, en particular, llevó la literatura a nuevas alturas con su prosa intrincada y sus fascinantes habilidades para construir palabras.

Este libro narra todas estas historias, y más, con vívido detalle. La rica y compleja historia canadiense cobrará vida en estas páginas como en ningún otro libro. Su riqueza se hace aún más rica, y su complejidad se ha simplificado para que tanto niños como adultos disfruten de los fascinantes cuentos. Todo lo relacionado con las figuras notables del país se explica a fondo con ilustraciones claras donde sea necesario para que el lector no necesite buscar más información en Google.

Capítulo 1: Sir John A. Macdonald y el nacimiento de Canadá

Cualquier libro sobre la historia de Canadá está incompleto sin los notables logros de Sir John A. Macdonald. Fue responsable de fusionar tres grandes provincias de América del Norte para formar una gran nación. Fue uno de los más importantes padres de la Confederación que dio origen a Canadá.

Al mirar a Canadá en el mapa mundial, es fácil confundirlo con una nación que ha existido durante mil años. Consiste en una gran masa de tierra con una colección de islas más pequeñas alrededor. En todo caso, se podría decir que las islas estaban inicialmente separadas, pero la gran masa de tierra siempre fue Canadá. Sin embargo, ni siquiera existía

John A. Macdonald[1]

como país hace más de 160 años.

Eran escombros dispersos de diferentes colonias y provincias sin un gobierno cohesivo y competitivo. Un grupo de visionarios de ideas afines crearon una nación formidable bajo un fuerte gobierno a partir de los escombros. Una persona contribuyó más que la mayoría y, a pesar de sus defectos, sigue siendo aclamado como una de las figuras más influyentes de la historia canadiense.

Biografía

Nacido el 11 de enero de 1815 en Glasgow, Escocia, John Alexander Macdonald fue el tercer hijo de una familia de cinco hijos y una hija. Su padre, Hugh Macdonald, era un comerciante medianamente exitoso que cayó en tiempos difíciles y finalmente se declaró en bancarrota. En 1820, la familia emigró a Canadá, estableciéndose en Kingston, Alto Canadá (ahora Ontario), en busca de mejores perspectivas.

La vida en el Alto Canadá a principios del siglo XIX era desafiante, y estaba marcada por la incertidumbre económica y la agitación social. Hugh intentó administrar tiendas en un entorno desafiante, pero se enfrentó a una serie de fracasos. Por lo tanto, John creció en un hogar con recursos limitados.

A pesar de las dificultades, el joven John se mostró prometedor desde una edad temprana. Asistió a escuelas locales en Kingston, donde recibió una educación básica que serviría como base para sus posteriores actividades intelectuales. Alrededor de 1825, la situación financiera de su familia mejoró ligeramente, por lo que fue enviado a una escuela secundaria más próspera en Kingston.

Cinco años más tarde, habría seguido estudiando literatura si su familia hubiera sido acomodada, pero debido a sus crecientes problemas financieros (su padre estaba luchando por trabajar como magistrado local), abandonó la educación formal a la edad de 15 años y comenzó a trabajar como empleado en un bufete de abogados local.

Aparte de la literatura, John finalmente desarrolló una pasión por la historia y la teoría política. En su tiempo libre, devoraba libros sobre la historia del dominio británico en América del Norte y se familiarizó con las tácticas políticas comunes utilizadas en ese momento.

John se arrepintió de su decisión de dejar la escuela tan pronto, pero siempre respetó y amó a su familia, nunca los culpó por sus errores. Esto se puede ver cuando nombró a uno de sus propios hijos en honor a su padre, Hugh John Macdonald.

Durante su mandato como oficinista, los padres de John decidieron que debía convertirse en abogado. Resultó ser la decisión correcta para él, ya que mostró aptitud y afinidad inmediatas por la profesión. En ese entonces, no había facultades de derecho ni un régimen de estudio estructurado para convertirse en abogado. Los aspirantes tenían que aprobar un examen establecido por *The Law Society of Upper Canada*, ser aprendiz de un abogado de renombre, y tomar otro examen para probar lo que habían aprendido.

Macdonald viajó a York (Toronto) para el primer examen, que aprobó con facilidad. Luego, estudió la profesión bajo la guía de George Mackenzie, un destacado abogado de Kingston. Mackenzie murió de cólera durante el aprendizaje, por lo que Macdonald regresó a Kingston en 1835, donde comenzó su propia práctica. Aunque no estaba calificado ni tenía experiencia como abogado, logró conseguir algunos buenos clientes.

Un año más tarde, fue llamado al Colegio de Abogados (un término legal para estar calificado como abogado) a la edad de 21 años. Macdonald se estableció rápidamente como un hábil abogado conocido por su agudo intelecto y sus tácticas persuasivas en los tribunales. Según Richard Gwyn, uno de sus biógrafos, "como abogado penalista que se ocupaba de casos dramáticos, Macdonald se hizo notar mucho más allá de los estrechos confines de la comunidad empresarial de Kingston. Ahora operaba en el ámbito donde pasaría la mayor parte de su vida: el tribunal de la opinión pública".

En 1837, como cualquier otro hombre de entre 18 y 60 años, fue llamado a luchar junto a los británicos contra las rebeliones de las Logias de Cazadores, una sociedad secreta de refugiados del Bajo Canadá. Llevaba un mosquete y marchó de un lugar a otro, pero nunca tuvo la oportunidad de dispararlo.

> Macdonald recordó una de sus marchas a Toronto mientras conversaba con su secretario después de las rebeliones: *"El día era caluroso, mis pies estaban llenos de ampollas, no era más que un niño cansado, y pensé que debería haber caído bajo el peso del viejo mosquete de pedernal que me irritaba el hombro. Pero me las arreglé para seguir el ritmo de mi compañero, un viejo soldado sombrío que parecía inmune a la fatiga.*

Alcanzó la cima de su carrera legal a principios de la década de 1840, cuando ganó mucho dinero e invirtió en bienes raíces en todo Toronto. Sin embargo, su vida personal estaba en ruinas. Su padre murió en 1841 y comenzó a sufrir una enfermedad desconocida. Para recuperarse de su agitación emocional y física, se tomó unas vacaciones en Gran Bretaña, donde conoció a su prima hermana, Isabella Clark.

Los dos congeniaron de inmediato, y poco después de que Macdonald regresara a Kingston, Isabella lo siguió. Se casaron en 1843. Tuvieron una hija llamada Mary, que lamentablemente murió en la infancia. A pesar de las tragedias personales y los desafíos profesionales, la carrera legal de Macdonald floreció y pronto se involucró en la política local.

Isabella Clark[2]

Su entrada en la política se produjo en un momento de grandes cambios en Canadá. El Acta de la Unión de 1840 fusionó el Alto y el Bajo Canadá en la Provincia Unida de Canadá, y las tensiones políticas entre las poblaciones de habla inglesa fueron altas. Macdonald se alineó con el Partido Conservador, que abogaba por mantener fuertes lazos con Gran Bretaña y resistir la influencia de los nacionalistas canadienses franceses.

En 1844, fue elegido para el Concejo Municipal de Kingston, marcando el comienzo de su carrera política. Rápidamente ascendió en las filas del Partido Conservador, ganándose una reputación como estratega astuto y comunicador eficaz.

Sus inicios en la política

El ascenso de John dentro del Partido Conservador fue rápido, pero sufrió varios altibajos en su vida personal. Su esposa, Isabella, comenzó a sufrir de una enfermedad recurrente poco después de su selección para el Concejo Municipal de Kingston. Con la esperanza de que un cambio de clima pudiera mejorar su salud, John la llevó a Savannah, Georgia, en los Estados Unidos. Su condición no mejoró mucho, pero en 1847, la pareja tenía algo por lo que alegrarse: un niño sano al que llamaron John A. Macdonald Jr.

Así, de 1844 a 1847, Macdonald viajó a menudo a Savannah, pero sus ausencias y problemas personales milagrosamente no afectaron su carrera política. En sus propias palabras: *"La política es un juego que requiere una gran frialdad y una abnegación absoluta de los prejuicios y los sentimientos personales"*.

En cambio, obtuvo varios ascensos. En 1846, se le confirió el título de "Consejero de la Reina", un prestigioso honor en la monarquía británica. También le ofrecieron un trabajo como asistente del ministro de Justicia, pero como ya había encontrado su pasión en la política, rechazó la oferta.

En 1847, fue elegido miembro de la Asamblea Legislativa de la Provincia de Canadá, representando a Kingston. Ascender tan rápidamente en la política requiere un intelecto agudo, una mente táctica y profundas habilidades de oratoria. Macdonald tenía los dos primeros en abundancia, pero sorprendentemente, odiaba dar discursos. Probablemente por eso la gente votó por él, al ver su honestidad mientras hacía campaña.

En 1849, su hijo, John Jr., falleció. Un año más tarde, Isabella dio a luz a otro niño (Hugh), pero Macdonald no pudo superar la pérdida de su primer hijo. Comenzó a beber en exceso y se sumergió en su trabajo.

A lo largo de la década de 1850, consolidó su reputación como un político hábil y confiable. Se desempeñó en varios cargos ministeriales, incluido el de Síndico General y Fiscal General de Canadá Oeste (ahora Ontario), adquiriendo una valiosa experiencia en gobernanza y administración.

Macdonald siempre vio las diferentes provincias de Canadá como una sola entidad, y tuvo la oportunidad de hacer realidad su visión con la coalición de 1854. Fue el responsable de formar a los "Liberales-Conservadores", un partido que llevaba los valores de ambos lados del espectro. Fue uno de sus primeros pasos hacia la Confederación de Canadá. En el este de Canadá (actual Ontario), tenía un aliado en George-Étienne Cartier (un político franco-canadiense), que seguiría siendo su socio político durante casi 20 años.

En 1857, fue elegido de nuevo para liderar a los conservadores, pero siguió siendo el único candidato de su partido en el oeste de Canadá. Sin embargo, era un poder formidable en el panorama político. Más tarde ese año, sufrió una pérdida personal cuando Isabella murió a la edad de 48 años. Nunca se recuperó de su enfermedad, por lo que su muerte no fue inesperada. Sin embargo, puede haber intensificado el hábito de beber de John.

Sin embargo, su carrera política no se resintió. Durante un debate electoral, su hábito se convirtió en el centro de atención. El candidato opositor dijo: "*¿Es este el hombre que quieres que gobierne tu país? ¡Un borracho!* Macdonald respondió ingeniosamente: "*Me enfermo... no por la bebida [sino porque] me veo obligado a escuchar los desvaríos de mi honorable oponente*".

Manteniendo a su hijo, Hugh, bajo el cuidado de su tía paterna, continuó creando olas como líder conservador. Su brillantez se puede ver especialmente al elegir la capital de Canadá (Oeste, Este, Alto y Bajo).

Sus oponentes y la Asamblea querían que la ciudad de Quebec fuera la sede del gobierno, pero Macdonald sugirió que la reina eligiera. Mientras tanto, permitió que la ciudad de Quebec fuera una capital temporal y solicitó a la reina que retrasara su decisión por 10 meses. Por lo tanto, pudo complacer tanto a la reina como a los hombres en el poder en Canadá. Finalmente, Ottawa fue elegida como la capital permanente.

Su alianza con George Brown, el líder del movimiento reformista (los liberales), sentó las bases para la inminente Confederación, ya que Macdonald buscaba cerrar la brecha entre los canadienses de habla inglesa y francesa y forjar un camino hacia la unidad. Su liderazgo fue especialmente puesto a prueba a principios de la década de 1860.

Se enfrentó a la oposición de facciones políticas rivales y dentro de su propio partido, pero demostró ser experto en la creación de consenso y la superación de obstáculos. Su liderazgo durante este período se caracterizó por el pragmatismo, el compromiso y un firme compromiso con la unificación de las colonias británicas de América del Norte.

En 1864, Sir John A. Macdonald se había convertido en una de las figuras políticas más influyentes de Canadá. Su visión de la Confederación, basada en los principios de unidad, estabilidad y prosperidad económica, resonó en un número creciente de canadienses. Este período preparó el escenario para su papel fundamental en los eventos que llevarían a la creación de Canadá como una nación.

La Confederación de Canadá y el nacimiento de una nación

La visión de Macdonald de un Canadá unido comenzó a tomar forma en 1864. En septiembre, se celebró una conferencia en Charlottetown, isla del príncipe Eduardo, para discutir la unión de las colonias marítimas (Brunswick y Nueva Escocia). También fueron invitados representantes de las provincias de Canadá (Ontario y Quebec). Macdonald, como Primer Ministro de Canadá, asistió a esta conferencia junto con otros políticos destacados. Fue aquí donde echó raíces la idea de una unión más amplia de todas las colonias británicas de América del Norte.

Tras el éxito de la Conferencia de Charlottetown, se celebró una segunda conferencia en la ciudad de Quebec en octubre de 1864. Estuvieron presentes delegados de las provincias de Canadá, Nueva Escocia, Nuevo Brunswick e isla del príncipe Eduardo. Esta vez, junto con las colonias marítimas, se discutió la unión de las colonias canadienses. Macdonald jugó un papel clave en la redacción de las 72 Resoluciones, que esbozaron los términos de la Confederación. Estas resoluciones formaron la base para la eventual ley de la norteamérica británica de 1867.

Unos dos años más tarde, Macdonald viajó a Londres en compañía de otros líderes coloniales para ultimar los detalles de la confederación con las autoridades británicas. El acta de la norteamérica británica recibió la sanción real (aprobada por la reina) el 29 de marzo de 1867.

Fue un momento de orgullo para John, los otros líderes y el pueblo canadiense cuando el país se unió: el Dominio de Canadá nació el 1 de julio de 1867. Incluso hoy en día, el 1 de julio se celebra con entusiasmo como el día de Canadá en todo el país.

Agnes Bernard[8]

Otro triunfo para Macdonald llegó en la forma de Agnes Bernard, quien aceptó su propuesta de matrimonio para convertirse en Agnes Macdonald. Era la hermana de su secretaria, y llevaban un tiempo cortejándose. En ese momento, parecía que John estaba en la cima del mundo. Sin embargo, escalaría nuevas alturas y caería a mínimos más profundos en el futuro.

Su papel como el legendario primer primer ministro

Las elecciones federales se celebraron poco después de que surgiera el Dominio de Canadá. Sir John A. Macdonald fue el claro y obvio ganador, dada su vasta experiencia política y perspicacia y sus esfuerzos por unir al país. Sin embargo, mantener su posición como primer primer ministro de Canadá no fue fácil.

Nueva Escocia quería retirarse de la unión. Sus esfuerzos por incluir a Terranova (una gran isla al este) en el redil resultaron inútiles. Para empeorar las cosas, se infectó con una enfermedad grave. Mary, su primera hija con Agnes, llegó como un rayo de esperanza para la familia Macdonald. Rápidamente se convirtió en angustia cuando se dieron cuenta de que nunca podría caminar y que su cerebro no se desarrollaría más allá de cierta edad.

El primer ministro John abordó todos sus problemas con cara valiente. Renovó el acuerdo con Nueva Escocia, ofreciendo mejores términos. Cambió su enfoque a la isla del príncipe Eduardo y la puso bajo el Dominio. En una época en la que los niños discapacitados eran enviados a institutos de salud, aprendió a amar a su hija y a cuidarla a pesar de sus defectos, llamándola cariñosamente "Baboo". En esencia, había logrado un delicado equilibrio entre su vida personal y profesional.

En el frente profesional, Macdonald fue un firme defensor de la expansión y el desarrollo de Canadá. Su gobierno se embarcó en proyectos ambiciosos como la construcción del Ferrocarril Canadiense del Pacífico (CPR), que conectaba las provincias orientales con los territorios occidentales.

Macdonald reconoció la importancia de un ferrocarril transcontinental para unir a Canadá geográfica, económica y políticamente. Debido a sus esfuerzos como primer ministro, el CPR se completó con éxito en 1885.

Revolucionó el transporte y el comercio en Canadá, facilitando la colonización de los territorios occidentales, el desarrollo de los recursos naturales y la expansión del comercio con Asia. El CPR sigue siendo un símbolo del ingenio, la perseverancia y la unidad nacional canadienses, y el liderazgo de Macdonald desempeñó un papel central en su construcción y legado.

Bajo su liderazgo, Canadá expandió su territorio a través de negociaciones, compras y tratados con pueblos indígenas y otras potencias coloniales. La adquisición de la tierra de Rupert, los territorios del noroeste y la Columbia británica en la Confederación amplió significativamente el territorio y la población de Canadá.

Además de la expansión, Macdonald también fue responsable de mantener la ley y el orden durante ese período de transición. Estableció la policía montada del noroeste, una fuerza paramilitar que defendió la ley en el noroeste de Canadá. Su gobierno implementó la política nacional, una serie de medidas proteccionistas destinadas a promover la industria canadiense e impulsar el crecimiento económico. Los componentes clave de esta política fueron los altos aranceles sobre los bienes importados, los subsidios para la fabricación nacional y la promoción de la inmigración para colonizar los territorios occidentales.

Aunque controvertida en su momento, la política nacional desempeñó un papel importante en la configuración de la economía y la sociedad de Canadá. Sin embargo, no fue la única polémica que persiguió a esta legendaria figura. Macdonald se desempeñó como primer ministro de Canadá durante 19 años hasta su muerte, pero no fue un mandato consecutivo sin problemas.

Las controversias en torno a sus políticas

- **Trato a los pueblos indígenas:** Una de las controversias más significativas que rodean a Macdonald es el trato de su gobierno a los pueblos indígenas. Si bien no implementó el sistema de escuelas residenciales, continuó aplicándolo durante su mandato. Este sistema tenía como objetivo asimilar a los niños indígenas a la sociedad eurocanadiense, lo que tuvo consecuencias devastadoras para las comunidades indígenas. Además de perder su cultura e identidad, también perdieron sus tierras y sufrieron maltratos en esas escuelas.

- **La inmigración china y el impuesto chino por cabeza:** Macdonald impuso una serie de medidas discriminatorias en un intento de restringir la inmigración china a Canadá. En 1885 impuso un impuesto por cabeza a los chinos, que obligaba a los inmigrantes chinos a pagar una tasa sustancial para entrar en el país. Fue motivado por el prejuicio racial y la xenofobia y contribuyó a la marginación y explotación de los inmigrantes chinos en el Dominio.

- **Escándalo del Pacífico:** En 1872, el gobierno de Macdonald se vio envuelto en el Escándalo del Pacífico. Se reveló que ciertos miembros de su partido habían aceptado sobornos de empresarios asociados con la construcción del ferrocarril canadiense del Pacífico a cambio de lucrativos contratos y favores políticos. Fue entonces cuando Macdonald renunció como primer ministro, pero fue reelegido en 1878.

A pesar de todas sus decisiones controvertidas, Macdonald mantuvo con éxito su posición hasta su muerte. Hasta el día de hoy, tiene el segundo mandato más largo como primer ministro de Canadá (Lyon Mackenzie King lo ocupó durante el período más largo de 21 años), pero si no hubiera muerto en 1891, bien podría haber superado el mandato de King.

Antes de juzgar a Macdonald por sus controvertidas decisiones, es importante entender la mentalidad general de la época. Los europeos fueron criados en un ambiente racialmente discriminado. Muchos mantuvieron su raza en un pedestal, y muchos otros aprendieron a despreciar a otras razas desde la infancia. A través de esa lente, los logros de Macdonald definitivamente superan sus controvertidas políticas.

Como dijo una vez Sir John A. Macdonald: "Cualquiera puede apoyarme cuando tengo razón. Lo que quiero es alguien que me apoye cuando me equivoque. Puede haber obstrucciones, pueden intervenir diferencias locales, pero no importa".

Capítulo 2: Las exploraciones árticas de John Franklin y los guías inuit

El Ártico es una región polar en el extremo norte de la Tierra donde la temperatura invernal puede descender a más de -70 ° F, y los veranos pueden ser tan fríos como la temperatura promedio en Minnesota. Rara vez, si es que alguna vez, llueve, pero los vientos feroces a menudo pueden cocinar una tormenta helada. El océano Ártico, aunque pequeño y poco profundo, tiene imponentes icebergs que pueden congelar los barcos en cuestión de minutos.

El continente está escasamente habitado, con poco más de cuatro millones de residentes, menos de

John Franklin'

la mitad de la población de la ciudad de Nueva York. Hoy en día, los seres humanos tienen muchas telas avanzadas y materiales sintéticos para mantenerse calientes en las duras condiciones del Ártico, pero la situación era completamente diferente hace dos siglos, cuando Canadá todavía estaba dividido en provincias y la región más allá del Círculo Polar Ártico aún no se había explorado.

En un terreno tan vasto y desconocido, donde los vientos helados azotaban paisajes áridos y las aguas heladas se extendían sin fin, un hombre se atrevió a explorar la tierra que aún no estaba presente en ningún mapa hasta ahora. Era principios de 1800 y el hombre se llamaba John Franklin.

Se aventuró tres veces en el inexplorado Ártico y habría ido una cuarta vez si hubiera regresado de su última expedición. El misterio que rodea su desaparición cautiva a exploradores y aficionados a la historia hasta el día de hoy. Sin embargo, gracias a los esfuerzos de Franklin, una gran área del Ártico fue trazada en el pasado.

Biografía

Sir John Franklin nació el 16 de abril de 1786 en Spilsby, Lincolnshire, Inglaterra, hijo de Willingham Franklin y Hannah Weekes. Procedía de un entorno modesto: su padre era comerciante y su madre era hija de un granjero. Tenía 11 hermanos y sus hermanos mayores luchaban por alcanzar el éxito. De ahí que, al principio, quisiera mejorar la situación económica de su familia.

La hermana menor de John, Sarah, finalmente se casó y dio a luz a Emily Sellwood. Emily se casaría con Alfred Lord Tennyson, uno de los más grandes poetas de la época.

Sin embargo, mientras estudiaba en una escuela de un pequeño pueblo más cerca de la costa, John realizó su sueño de navegar en el mar y explorar tierras lejanas. Se inspiró en las expediciones del capitán James Cook (un explorador británico famoso por sus viajes a Australia y Nueva Zelanda) y soñaba con explorar regiones inexploradas.

A pesar de la reticencia de su padre en la carrera que eligió (quería que su hijo iniciara un negocio o se dedicara al servicio de la iglesia), se le dio permiso para viajar en un barco mercante a la tierna edad de 12 años. Después de eso, Sir John Franklin nunca miró hacia atrás.

Se unió a la Royal Navy en 1800 a la edad de 14 años, comenzando su carrera naval como guardiamarina. Durante las guerras napoleónicas, participó en varios conflictos navales, incluida la batalla de Trafalgar en 1805, donde sirvió a bordo del HMS Bellerophon. Poco a poco fue ascendiendo de rango, adquiriendo una valiosa experiencia en la marinería y la navegación.

John se casó dos veces y tuvo una hija de su primera esposa. Su familia apoyó incondicionalmente sus sueños y se convirtió en su principal fuente de motivación para sus futuras exploraciones. Se endureció en muchas escaramuzas y guerras marítimas, particularmente en la Batalla de Copenhague, la Batalla de Pulo Aura y la Batalla del Lago Borgne, antes de realizar su sueño.

Su primera expedición

Dado que John Franklin había acumulado suficiente experiencia en las guerras napoleónicas en el mar y era un apasionado de la cartografía de tierras inexploradas, era la elección obvia para liderar una expedición en el Ártico. El objetivo era cartografiar la costa norte de Canadá, comenzando desde la desembocadura del río Coppermine en Nunavut y luego explorando hacia el oeste.

Fue parte de los esfuerzos para encontrar el paso del Noroeste, una ruta mítica (al menos, en ese entonces) que conectaba con Asia desde esa dirección (esencialmente, desde el Atlántico hasta el Pacífico), y que los exploradores habían estado tratando de encontrar desde la expedición de Cristóbal Colón (alrededor de 1500). El equipo incluía a Franklin como líder, George Back como segundo al mando, varios oficiales, científicos y una tripulación de voyageurs (comerciantes de pieles y guías franco-canadienses) reclutados por su experiencia en la navegación de las vías fluviales canadienses.

La expedición partió de York Factory, un puesto comercial de la Compañía de la Bahía de Hudson (HBC, un negocio de comercio de pieles que todavía existe hoy en día) en la bahía de Hudson, en junio de 1819.

La HBC fue fundada el 2 de mayo de 1670 por un grupo de comerciantes ingleses, entre ellos el príncipe Ruperto del Rin, con una carta real del rey Carlos II de Inglaterra. La carta otorgó a la compañía derechos comerciales exclusivos sobre la cuenca hidrográfica que desemboca en la bahía de Hudson.

Se dedicaban principalmente a las pieles de castor, ya que esas pequeñas criaturas peludas eran más comunes en el Ártico. Cuando la demanda de pieles disminuyó, buscaron más visón, rata almizclera, marta marta y piel de zorro.

Viajaron tierra adentro a través del río Hayes, donde, según los informes, Franklin cayó accidentalmente por la borda, pero fue rescatado por un miembro de la tripulación. Al llegar a Cumberland

House, reunieron suministros adicionales. El viaje hasta el río Coppermine en sí era agotador y peligroso, ya que implicaba largas caminatas a través de terreno accidentado y navegación por feroces rápidos.

Los exploradores llegaron a la desembocadura del río Coppermine en julio de 1821 después de enfrentar muchas dificultades y retrasos en el camino. John había creído que estaría de vuelta en casa en 1821, pero su exploración real acababa de comenzar. El principal problema era la disminución de sus suministros, pero siguieron adelante con la expedición construyendo un barco rudimentario y cartografiando la costa hacia el oeste.

Se dice que Franklin y su equipo se encontraron con varios lugareños indígenas durante su viaje, específicamente con los Yellowknives (Copper Dene). Su líder, llamado Akaitcho, resultó ser servicial y muy inteligente. Les ayudó a viajar más hacia el oeste y a recargar sus suministros, pero el destino quiso que el invierno de ese año fuera especialmente duro.

Pasaron los meses de invierno de 1821-1822 en Fort Enterprise, un fuerte improvisado construido cerca de la desembocadura del río Coppermine. Durante este tiempo difícil, volvieron a quedarse sin suministros. Con el tiempo, la situación empeoró tanto que tuvieron que comerse sus botas de cuero para sustentarse. Así fue como Franklin se ganó su infame apodo, "el hombre que se comía sus botas".

La caza no era una opción ya que en el río apenas había peces y no había mucha caza alrededor. Necesitaban carne para sobrevivir, lo que puede haber hecho que un hombre de su tripulación recurriera al canibalismo. Sin embargo, esto podría ser simplemente una especulación porque el equipo perdió misteriosamente a 11 de sus hombres.

Finalmente fueron rescatados de su situación mortal en octubre de 1821, momento en el que solo sobrevivieron cuatro personas, incluido John. Los rescatistas se quedaron sin palabras cuando vieron la difícil situación del equipo, pero fueron grabados diciendo: *"los semblantes espantosos, los globos oculares dilatados y las voces sepulcrales del capitán John Franklin y los que estaban con él eran difíciles de ver y soportar"*.

A pesar de enfrentar numerosas dificultades, la expedición de Franklin al río Coppermine fue un éxito moderado. Es posible que no haya cumplido su objetivo de llegar a la bahía de Repulse (Naujaat) hacia el norte, pero cartografió una parte considerable de la costa que ayudaría en muchas expediciones futuras.

Su segunda expedición

No pasó mucho tiempo para que John Franklin se recuperara de su casi fatal expedición al río Coppermine. Un año más tarde (alrededor de 1823), estaba sano y listo para casarse con la mujer que amaba, una poetisa llamada Eleanor Anne Porden. Al cabo de un año, tuvieron una hija, y todo parecía ir bien para la familia cuando ocurrió la tragedia.

Eleanor Anne Porden[5]

Eleanor murió de tuberculosis en 1825. No era de extrañar, ya que había estado sufriendo problemas de salud durante mucho tiempo. Sin embargo, para ayudar a su marido a hacer frente a su inminente muerte, le pidió que se entregara a su pasión por la exploración. Así, unos días antes del fatídico día, John Franklin partió hacia su segunda expedición, manteniendo vivo el recuerdo de una Eleanor sana.

Esta vez, viajaría más al norte hasta la desembocadura del río Mackenzie y comenzaría a cartografiar la región hacia el oeste hasta que conoció a Frederick William Beechey, un compañero explorador. Este último navegaría desde el estrecho de Bering hacia el este para encontrarse con Juan, posiblemente a mitad de camino a lo largo de la costa.

El río Mackenzie en el mapa[6]

La planificación fue meticulosa, pero la expedición no resultó como ninguno de los dos esperaba. Aprendiendo de los errores de su desastrosa expedición por el río Coppermine, Franklin había contabilizado casi todo, desde los suministros hasta el equipo. Sin embargo, no había previsto el terreno traicionero y en constante cambio.

Su equipo se reunió con sus aliados locales de confianza, los Yellowknives, en el Gran Lago del Esclavo.

Great Slave Lake es el segundo lago más grande dentro de las fronteras canadienses, con una superficie de aproximadamente 11.030 millas cuadradas. También es el lago más profundo de América del Norte, con una profundidad máxima de 2.014 pies.

Akaitcho no estaba disponible, por lo que colaboraron con su hermano, Keskarrah. En agosto de 1825, John fue con ellos río abajo hasta la desembocadura del Mackenzie y regresó para pasar el invierno en un campamento base en el lago Great Bear.

El lago Great Bear estaba completamente congelado en hielo, y los escritos de Franklin dicen que sus hombres estaban jugando un juego que él llamó "hockey", el primer uso de la palabra. Aquí fue donde nació el ahora popular deporte.

Cuando regresó río abajo el verano siguiente, el océano estaba completamente congelado a su lado.

Así que viajó hacia el oeste con su equipo, navegando cuando podía, pero sobre todo porteando. Fue un trabajo duro cargar con su bote y suministros, pero siguió adelante. En el camino, conoció varios asentamientos inuit. La mayoría de ellos eran amables y serviciales, pero como cualquier comunidad, había algunas manzanas podridas allí.

Cuando el equipo se encontró con el primer asentamiento, muchos de sus suministros fueron saqueados. El segundo acuerdo habló en contra de las acciones de sus compañeros inuit y ayudó al equipo a rellenar algunos de los suministros. También intercambiaron regalos y proporcionaron indicaciones sobre una ruta segura a unas pocas millas al oeste.

Sin embargo, en agosto, cuando el verano llegó a su fin, Franklin y sus hombres estaban completamente agotados y no podían ir más allá. Habían cubierto una distancia de más de 2.000 millas en 80 días sin señales del barco de Beechey en el horizonte. Si hubieran sabido que Beechey estaba a unas 160 millas al oeste de Point Barrow, habrían continuado. En las propias palabras de John Franklin: "Ninguna dificultad, peligro o circunstancia desalentadora debería haberle impedido conocer a Beechey".

Sin embargo, con la esperanza de evitar una repetición de la expedición del río Coppermine y sin saber qué tan lejos estaba Beechey, Franklin tomó la inmensamente difícil decisión de regresar al Mackenzie. Otro equipo bajo el mando de un compañero explorador, John Richardson, se dirigió hacia el este desde el Mackenzie para encontrarse con William Edward Parry, que navegaba hacia el oeste desde el Atlántico. Ambos mapearon con éxito la zona sin apenas contratiempos.

Su última y fatídica expedición

Después de regresar de su segunda expedición en 1827, John Franklin cortejó y se casó con Jane Griffin (una amiga de Eleanor, su primera esposa) en aproximadamente un año. Tenían mucho en común porque, al igual que John, a Jane le encantaba viajar por todo el mundo. Ya había visitado muchas partes de Europa antes de casarse, por lo que entendía las motivaciones de John para emprender el tercer viaje al Ártico a pesar de acercarse a los 60 años.

Debido a su edad, no fue la primera opción de los altos mandos británicos. El honor fue otorgado a Sir James Clark Ross, otro explorador experimentado que había dirigido una expedición a la Antártida. Cuando rechazó el honor, su segunda opción fue Franklin, quien aceptó. Como dicen, la pérdida de un hombre es la ganancia de otro. Dado el destino de la expedición, Franklin pudo haber perdido más de lo que ganó con la aceptación.

La expedición constaba de dos barcos, el HMS Erebus y el HMS Terror, junto con una tripulación de 129 hombres.

Después de la primera y segunda expediciones de Franklin, moderadamente exitosas, se exploraron un poco más de 300 millas de la costa ártica. Para minimizar el riesgo de inanición, problemas de salud o muerte, como en la primera, se aseguró de que sus barcos y hombres estuvieran equipados con la última tecnología para la época.

Los barcos funcionaban con potentes máquinas de vapor y estaban equipados con sistemas de destilación y calentamiento a base de vapor para mantener la salud de la tripulación. Los suministros de alimentos podían durarles cómodamente tres años enteros, y tenían miles de libros para leer y pasar el tiempo. Franklin y sus hombres recibieron abrigos de lana, pantalones y ropa interior. También se proporcionaron parkas, botas, guantes y sombreros forrados de piel.

Franklin y su tripulación partieron de Inglaterra en mayo de 1845. Su objetivo era cartografiar las 300 millas restantes de la costa y encontrar el legendario Paso del Noroeste que conecta el Atlántico con el Pacífico. Primero viajaron hacia el norte hasta Escocia en busca de suministros adicionales, luego hacia el oeste hasta Groenlandia y, finalmente, hacia las islas árticas canadienses después de partir de la isla de Disko, cerca de Groenlandia.

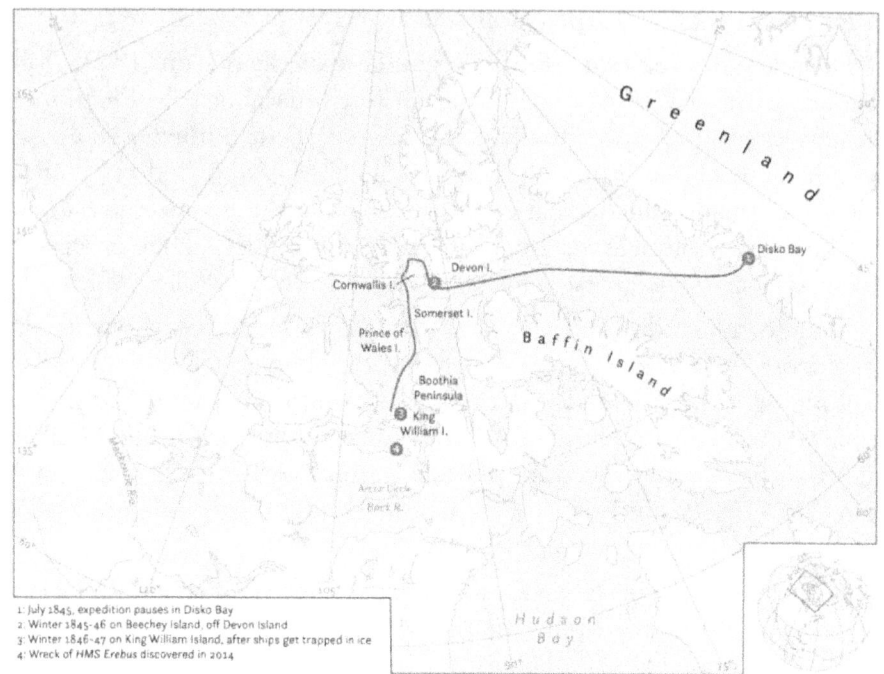

Un trazo del viaje de Franklin desde la isla Disko hasta las islas árticas de Devon[7]

Después de eso, sus barcos no fueron vistos por ningún ojo europeo. Pasaron dos años y lady Franklin empezó a preocuparse. Quería que la Royal Navy enviara una expedición de búsqueda, pero como Franklin y la tripulación tenían suministros para tres años, esperaron otro año antes de enviar grupos de búsqueda.

Durante los años siguientes, se enviaron muchos barcos para localizar a los exploradores, pero no encontraron señales de los barcos perdidos ni de su tripulación. Finalmente, entre 1854 y 1859, se encontraron muchos indicios del destino de los exploradores. En particular, se descubrió un mensaje dejado por los miembros de la expedición, que indicaba que Franklin había muerto en 1847 y que la tripulación superviviente había abandonado los barcos en un intento desesperado por llegar a un lugar seguro a pie.

Después de más de 160 años, en septiembre de 2014, los restos del HMS Erebus fueron encontrados cerca de la península de Adelaida. Dos años más tarde, el HMS Terror fue localizado cerca de la isla del rey Guillermo en mejores condiciones que el Erebus. Todos estos redescubrimientos ocurrieron gracias a la ayuda del pueblo inuit.

Las inestimables contribuciones de los inuit

Si no fuera por los inuit (nativos del Ártico de América del Norte), el destino de la expedición de Franklin al Paso del Noroeste podría haber sido un misterio para siempre. Sucedió que después de que varios grupos de búsqueda no lograron encontrar nada sobre la expedición perdida de Franklin, John Rae, un explorador escocés, se topó con un grupo de pueblos inuit que tenían alguna idea sobre el destino de la tripulación.

Le dijeron a Rae que los dos barcos quedaron atrapados en el hielo cerca de la península de Boothia. La tripulación trató de caminar en busca de un refugio seguro, pero muchos murieron debido al frío extremo. Los pocos que quedaban se vieron obligados a comer su carne para mantenerse con vida, pero ellos también acabaron encontrando la muerte.

La vida silvestre en la península de Boothia es escasa, pero no del todo inexistente. Osos polares, zorros, renos, liebres árticas y focas a menudo se pueden encontrar deambulando por el paisaje cubierto de nieve. Sin embargo, es posible que la tripulación de Franklin apenas tuviera fuerzas para cazar la presa.

Rae y la Royal Navy trataron de mantener el canibalismo en secreto, pero se filtró a la prensa y causó un gran alboroto en la sociedad. Más tarde, en 1997, cuando se encontraron los restos de algunos de los tripulantes en la isla Rey Guillermo (conservados en la nieve), se confirmó la historia de canibalismo de los inuit cuando se detectaron muchas marcas de cuchillas en sus cuerpos. Demuestra que los seres humanos son capaces de cualquier cosa en situaciones extremas.

El cuerpo de Franklin, sin embargo, fue enterrado por la tripulación de acuerdo con el mensaje de 1859, pero la ubicación no estaba marcada y aún no se había encontrado en el momento de escribir esto. Las investigaciones han demostrado que las principales causas de la muerte de la tripulación fueron la neumonía, la tuberculosis y el envenenamiento por plomo. Este último puede haber sido causado por alimentos enlatados defectuosos o un sistema de destilación de agua dañado.

La ayuda a los inuit no terminó ahí. También se encargaron de ayudar a encontrar la ubicación exacta de los barcos. Las tradiciones orales inuit transmitieron historias de encuentros con los miembros de la expedición y el conocimiento del paradero del barco. Estas historias a menudo fueron descartadas por los exploradores europeos y los grupos de búsqueda en ese momento, pero demostraron ser pistas valiosas en búsquedas posteriores.

Conocían la geografía de la región, las condiciones del hielo y la vida silvestre a la perfección y ayudaron a los equipos de búsqueda que intentaban navegar por las traicioneras aguas del Ártico para localizar los barcos desaparecidos. A lo largo de los siglos, también descubrieron y preservaron varios artefactos pertenecientes a la expedición de Franklin, como herramientas, ropa y artículos personales. La ubicación de estos artículos redujo en gran medida la búsqueda, lo que llevó al famoso redescubrimiento en 2014 y 2016.

En los últimos años, Canadá ha reconocido la importancia de los conocimientos indígenas y su participación en la gobernanza y la soberanía del Ártico. Los inuit desempeñan un papel crucial en el desarrollo de la política ártica de Canadá, la gestión de los recursos y la protección del medio ambiente.

Legado

La expedición del Paso del Noroeste se convirtió en una de las tragedias más infames de la historia de la exploración del Ártico. La pérdida de Franklin y su tripulación capturó la imaginación del público, lo que llevó a muchas teorías y especulaciones extrañas sobre su destino. Puede parecer una expedición inútil en la superficie, que solo sirve para generar y alimentar rumores fantásticos, pero tenía varias ventajas no deseadas.

Es posible que los equipos de búsqueda que intentaron encontrar los barcos perdidos no hayan logrado su objetivo, pero pudieron mapear la región a fondo, logrando el objetivo de Franklin. Lograron desarrollar una relación simbiótica con los inuit, intercambiando regalos y obteniendo valiosa ayuda durante sus exploraciones.

La expedición de Franklin y los esfuerzos de búsqueda posteriores involucraron la cooperación internacional entre Canadá, el Reino Unido, los Estados Unidos y otros. Esta colaboración continúa hoy en día a través de organizaciones como el Consejo Ártico, donde Canadá participa en debates sobre la gobernanza del Ártico, la protección del medio ambiente y el desarrollo sostenible junto con otras naciones del Ártico.

Además, los europeos conocieron más sobre la cultura inuit, la vida silvestre que prospera en la región y los patrones climáticos. Los inuit también les enseñaron técnicas útiles para sobrevivir en condiciones adversas. La expedición perdida de John Franklin solo parece un fracaso, pero fue, de hecho, un éxito indiscutible.

Capítulo 3: La lucha de Viola Desmond y Nellie McClung por la igualdad

Las mujeres del siglo XXI le deben mucho a quienes las precedieron. A lo largo de la historia, muchas figuras femeninas lucharon por la igualdad y la justicia social para que las generaciones futuras tuvieran los mismos derechos y libertad de voto. Se opusieron al racismo y al sexismo para silenciar las voces que las trataban como ciudadanas de segunda clase.

La cultura diversa, inclusiva y tolerante del Canadá moderno está muy lejos de su sombría historia. El país habría sido muy diferente hoy si no fuera por las personas que hablaron en contra de la discriminación.

A lo largo de la historia, muchas figuras femeninas lucharon por la igualdad y la justicia social[8]

Viola Desmond y Nellie McClung fueron dos mujeres que se negaron a vivir en un mundo injusto. Eligieron marcar la diferencia, y lo que lograron cambió Canadá para siempre.

Este capítulo cuenta las historias inspiradoras de su lucha por los derechos civiles y el sufragio femenino en Canadá.

Viola Desmond

Viola Desmond fue una mujer de negocios afrocanadiense. Su historia es similar a la de la activista afroamericana Rosa Parks. Ambas mujeres desafiaron a la autoridad y desafiaron el racismo al negarse a moverse de sus asientos en las secciones "solo para blancos", lo que llevó a su arresto. Sus acciones heroicas contribuyeron a los movimientos por los derechos civiles en ambos países.

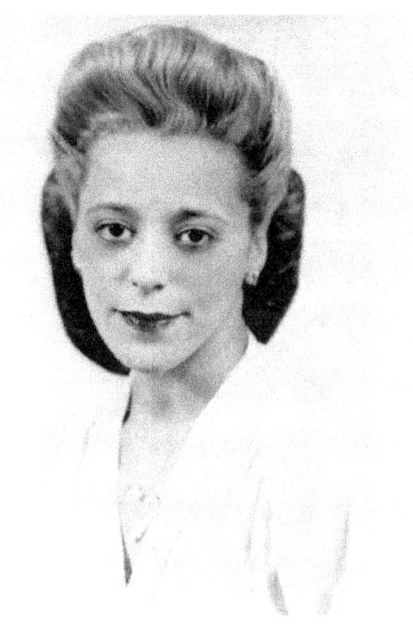

Viola Desmond[9]

Biografía de Viola Desmond

Viola Irene Davis, también conocida como Viola Desmond, nació el 6 de julio de 1914 en Halifax, Nueva Escocia. Su madre, una mujer blanca, Gwendolyn Irene Johnson, era ama de casa, y su padre, un hombre negro, James Davis, era un hombre de negocios. Tuvieron once hijos juntos.

Las parejas birraciales eran poco comunes en ese momento y fueron objeto de insultos y ataques raciales. Sin embargo, sus padres eran miembros muy respetados de la comunidad negra que los acogieron a ellos y a sus hijos.

Viola asistió a una escuela racialmente mixta, y sus maestros la describieron como una estudiante excepcional. Quería ser maestra, pero a los negros no se les permitía tomar programas educativos para maestros. Tuvo que hacer un examen provincial para obtener su certificado. Trabajó en una escuela negra segregada en la comunidad negra de Halifax.

Muchos de sus estudiantes eran afroamericanos que escaparon de la opresión y la discriminación en los EE. UU. con la promesa de un futuro mejor en Canadá. Sin embargo, pronto se dieron cuenta de la fea realidad de que el racismo en Canadá no era diferente del de Estados Unidos.

A los negros no se les permitía poseer tierras y casas ni formar parte de un jurado. También se les negó la entrada a iglesias y otros lugares de culto, y algunos hospitales y médicos se negaron a atenderlos. Restaurantes, tabernas y hoteles de todo el país les negaron el servicio.

Los canadienses negros se sentían excluidos de su sociedad, por lo que construyeron sus propias iglesias, escuelas y negocios. Viola se sintió enojada y oprimida al presenciar la discriminación contra su pueblo. Un fuego ardía dentro de ella que pronto estallaría y cambiaría la vida de muchos canadienses negros.

Desde que Viola era una niña, soñaba con abrir un salón de belleza. Quería tener su propio negocio como su padre. Las escuelas de belleza de Halifax no aceptaban estudiantes de ascendencia africana, pero ella no dejó que eso le impidiera alcanzar sus objetivos.

Viola viajó a Montreal para asistir a la Field Beauty Culture School, que aceptaba estudiantes negros, y completó su formación en Nueva York. Regresó a Halifax y, a la edad de 32 años, usó el dinero que ganó de su trabajo como maestra para abrir su salón de belleza, Vi's Studio of Beauty Culture. Viola se casó con Jack Desmond y tuvieron dos hijos.

Vi's Studio atendía a mujeres negras de su comunidad que estaban emocionadas de encontrar finalmente un salón que no las discriminara. Viola tuvo mucho éxito y creó su propia línea de maquillaje.

Viola no quería que otras chicas jóvenes enfrentaran los mismos desafíos que ella, por lo que comenzó la Desmond School of Beauty Culture, la única escuela de belleza en Halifax para mujeres negras. Muchas niñas obtuvieron sus títulos en la escuela de Viola. También los apoyó hasta que terminaron su educación y los ayudó a encontrar trabajo.

Abrió varias sucursales de su salón en Nueva Escocia y fue muy respetada en la comunidad negra. Viola tuvo una gran vida con su amorosa familia y un próspero negocio. Sin embargo, todo esto estaba a punto de cambiar.

El incidente del teatro Roseland

El 8 de noviembre de 1946, Viola viajaba sola para una reunión de negocios cuando su automóvil se averió en New Glasgow, Nueva Escocia. El taller de reparación le dijo que llevaría horas arreglarlo, así que decidió pasar el tiempo y ver una película en el teatro Roseland.

Pidió un boleto para el piso principal, pero el vendedor de boletos ignoró su solicitud y le dio uno para el balcón. Viola no sabía que el teatro estaba segregado; A los negros se les prohibió sentarse en la sección inferior. Solo se les permitía sentarse en los asientos del balcón.

Sin saberlo, fue a sentarse en el área principal, pero el acomodador le dijo que se había equivocado de asiento y que debía pasar al balcón. Pensó que había un error y fue a cambiar el boleto.

El teatro Roseland.[10]

Sin embargo, el vendedor de boletos le dijo: *"Lo siento, pero no se me permite venderles boletos en el piso de abajo"*. Sus palabras la dejaron conmocionada y horrorizada. Se dio cuenta de que estaba siendo discriminada por su color de piel y decidió tomar una posición.

Se sentó en el área principal, desafiando las reglas del teatro. El ujier amenazó con llamar al gerente, pero Viola le dijo: *"Busca al gerente. No estoy haciendo nada malo"*. Henry MacNeil, el gerente del teatro, confrontó a Viola y le dijo: *"El teatro tenía el derecho de negar la admisión a cualquier persona objetable"*. Sin embargo, Viola seguía negándose a abandonar su asiento.

Henry llamó a la policía y la sacaron a rastras del teatro. Ella describió el incidente diciendo: *"El policía me agarró por los hombros y el gerente me agarró las piernas, hiriéndome la rodilla y la cadera. Me sacaron del teatro al cine, me sacaron a la calle".* Pasó la noche en una celda.

Viola estaba triste y asustada. Lo que comenzó como una agradable velada en la que vería una buena película terminó con ella siendo humillada y en la cárcel.

El juicio

Viola fue llevada a la corte a la mañana siguiente. No tenía un abogado, y el tribunal no lo designó. Fue acusada de defraudar al gobierno por negarse a pagar un centavo de impuesto a las diversiones, la diferencia entre el boleto del asiento inferior y el boleto del balcón. Ella le dijo al juez: "Me ofrecí a pagar la diferencia; no lo aceptarían". Sin embargo, el juez ignoró su testimonio y le impuso una multa de 26 dólares, seis de los cuales fueron entregados al gerente del teatro.

Durante el proceso, el juez no mencionó el tema racial.

El impacto del incidente del teatro Roseland

Jack, el esposo de Viola, creció en New Glasgow, por lo que estaba acostumbrado a la segregación racial. Le dijo que no luchara contra el sistema y que "lo llevara al Señor con una oración". Esta era la opinión de algunas personas en Nueva Escocia. Sin embargo, otros estaban enojados por el trato que enfrentó Viola.

La asociación de Nueva Escocia para el Progreso de las Personas de Color (NSAACP, por sus siglas en inglés) recaudó dinero para ayudar a Viola a apelar su caso. La periodista negra Carrie Best, fundadora del periódico The Clarion, publicó su historia en la primera plana del periódico.

La historia de Viola se extendió por Canadá y Estados Unidos. El *1 de febrero de 1947* se publicó en el periódico estadounidense *The Baltimore Afro-American un artículo titulado* "Agredidos y heridos por Canadá".

El médico de Viola le aconsejó que demandara al teatro y a su gerente debido a sus lesiones. Contrató a un abogado blanco, Frederick Bissett. Dado que el tribunal canadiense nunca antes había fallado en contra de la discriminación racial, Frederick demandó al teatro y a su gerente y exigió una compensación por su agresión y encarcelamiento falso.

Sin embargo, el caso no llegó a juicio. También intentó que se eliminara su condena penal, pero el tribunal se negó. Frederick no cobró a Viola por su trabajo, por lo que la NSAACP utilizó el dinero que recaudó para luchar contra el racismo y la segregación.

La segregación fue prohibida en Nueva Escocia en 1954, gracias a personas como Viola Desmond, cuya determinación y lucha por la igualdad crearon el Canadá que conoces hoy. Sin embargo, el desafío de Viola tuvo un precio. Ella y Jack se divorciaron, y ella dejó su negocio en Nueva York, donde murió sola a la edad de 50 años.

Se convirtió en una prominente figura pública canadiense, y su foto apareció en el billete de diez dólares canadienses y en un sello postal.

Viola nunca tuvo la intención de ser una activista, pero creía que un pequeño paso podía marcar una gran diferencia. "*Haz tu poquito de bien donde estés. Son esos pequeños pedazos de bien juntos los que abruman al mundo*".

Carrie Best

Carrie Best fue una activista de derechos humanos y periodista. Nació el 4 de marzo de 1903 en New Glasgow, Nueva Escocia. Best fundó The Clarion, el primer periódico canadiense propiedad de una persona negra. Pasó su vida abogando por la igualdad y la justicia social para las personas negras. Estaba especialmente interesada en la historia de Viola porque había vivido un incidente similar en el mismo teatro.

En 1941, escuchó que un grupo de chicas negras de secundaria fueron sacadas del teatro por sentarse en la sección de "Blancos". Fue al teatro con su hijo y pidió un boleto para el piso principal, pero le dieron uno para el balcón. Fue a sentarse en el área principal, desafiando las reglas del teatro.

El subgerente del teatro llamó a la policía, y ella y su hijo fueron sacados a la fuerza del teatro. Fue condenada y multada por alterar el orden público.

Clarion Celebrates its First Birthday

Continued on page 4

Carrie Best está en la parte superior izquierda[11]

Wanda Robson

Después de la muerte de Viola, su hermana menor, Wanda, mantuvo vivo su legado. Nacida el 16 de diciembre de 1926 en Halifax, Wanda hizo historia al limpiar el nombre de su hermana y conseguir que fuera indultada por su caso de fraude. Esta fue la primera vez que una persona canadiense recibió un indulto póstumo. Wanda también escribió libros, dio entrevistas y habló con estudiantes universitarios para explicar el papel de su hermana en el movimiento canadiense por los derechos civiles.

Cronología de los cambios legales en los derechos civiles de Canadá

- En 1934, Manitoba aprobó una ley de difamación para prevenir los ataques raciales.
- En 1944, Ontario aprobó la ley de discriminación racial que prohibía la exhibición de símbolos o signos raciales.
- En 1945, la ley de asistencia social de Columbia británica prohibió la discriminación racial.
- En 1947, Tommy Douglas aprobó la Declaración de Derechos de Saskatchewan que prohibía la discriminación.
- En 1948, la ley federal de elecciones permitió votar a personas de todas las razas.
- En 1964, Ontario abolió las leyes para las escuelas segregadas.
- En 1971, se convirtió en delito iniciar ataques de odio o violentos contra los negros.

Nellie McClung

Nellie fue una activista por los derechos de las mujeres y sufragista que dedicó su vida a otorgar a las mujeres la igualdad de derechos.

Biografía de Nellie McClung

Helen Letitia Mooney, también conocida como Nellie McClung, nació el 20 de octubre de 1873 en Chatsworth, Ontario, hija de John Mooney y Letitia McCurdy. A la edad de siete años, ella y su familia se mudaron a Souris Valley, Manitoba, donde creció en una granja. Comenzó a ir a la escuela a la edad de diez años. Sin embargo, era una chica inteligente y recibió un certificado de enseñanza a la edad de 16 años. Comenzó su lucha contra la desigualdad a una edad temprana cuando se unió a diferentes grupos de reforma social.

Nellie McClung[12]

Trabajó como maestra en una escuela cerca de Manitoba durante siete años hasta 1896, cuando conoció y se casó con el farmacéutico Robert Wesley McClung. La pareja vivió una vida feliz juntos y tuvo cinco hijos.

La suegra de Nellie era presidenta de la Unión Cristiana de Mujeres por la Templanza, que abogaba por reducir el consumo de alcohol. A menudo llevaba a su nuera a las reuniones y, pronto, se convirtió en un miembro activo y prominente. Su trabajo con el sindicato encendió su interés en el movimiento por el sufragio femenino.

Publicó su primera novela, *"Sembrando semillas en Danny"*, en 1908. Es una historia humorística sobre un pequeño pueblo del oeste. Rápidamente se convirtió en un éxito de ventas, convirtiendo a Nellie en una de las autoras más famosas de Canadá. Continuó escribiendo artículos y cuentos en publicaciones canadienses y estadounidenses.

Lucha por el sufragio femenino

En 1911, Nellie, su esposo y sus hijos se mudaron a Winnipeg, donde se convirtió en oradora pública y se involucró en la política. Se unió al movimiento reformista y por los derechos de las mujeres de Winnipeg para luchar por el sufragio femenino de 1911 a 1914. Describió su tiempo en Winnipeg, diciendo: *"La gran ciudad nos reunió... Disfruté de mi asociación con el club de prensa de mujeres canadienses. Allí se discutieron grandes problemas y se plantó el germen de la asociación sufragista. Sentimos que debíamos organizarnos y crear un sentimiento público a favor del sufragio femenino".*

Se hizo popular entre muchas mujeres, gracias a sus excepcionales habilidades para hablar en público y su sentido del humor. Sus palabras fueron poderosas y resonaron en muchas mujeres de la época: *"Creo en las mujeres, en su capacidad para hacer cosas y en su influencia y poder. Las mujeres establecen los estándares para el mundo, y nos corresponde a nosotras, las mujeres en Canadá, establecer los estándares altos".*

En 1914, apoyó al Partido Liberal contra el gobierno conservador, que negaba a las mujeres el derecho al voto. También participó en la organización de la Liga de Igualdad Política de Winnipeg para ayudar a las mujeres trabajadoras.

Nellie usó su ingenio, sentido del humor y encanto para burlarse del primer ministro canadiense Sir Rodmond Roblin en una parodia para resaltar lo ridículo de negar a las mujeres el derecho al voto. Sus esfuerzos funcionaron, y el Partido Liberal ganó contra Rodmond Roblin y su gobierno.

En 1915, se mudó con su familia a Alberta, donde continuó luchando por varias reformas, como el derecho de la esposa a una dote después de la muerte de su esposo, la legislación de seguridad en las fábricas y el sufragio femenino.

Obtuvo reconocimiento en Gran Bretaña y Estados Unidos y se convirtió en miembro de la Asamblea Legislativa Liberal de Alberta de 1921 a 1926.

El caso de las personas

Nellie se unió a un grupo llamado *"Las famosas cinco",* que incluía a Irene Parlby, Louise Crummy McKinney, Henrietta Muir Edwards y Emily Murphy. Eran activistas que trabajaban en el Caso de las Personas para que se reconociera a las mujeres como personas cualificadas ante la ley, otorgándoles puestos en cargos públicos.

La ley de la Norteamérica británica (ley BNA) solo reconocía a las personas como hombres y, de conformidad con la Ley, sólo a esas personas se les permitían ocupar cargos oficiales.

La Corte Suprema rechazó su solicitud en 1928. Sin embargo, las mujeres no se dieron por vencidas y continuaron peticionando y apelando, pero se encontraron con el rechazo. En 1928, el Consejo Privado Británico revocó la decisión de la Corte Suprema y falló a favor de los Cinco Famosos.

El consejo declaró: *"La exclusión de las mujeres de todos los cargos públicos es una reliquia de días más bárbaros que los nuestros. Y para aquellos que preguntarían por qué la palabra 'personas' debería incluir a las mujeres, la respuesta obvia es, ¿por qué no debería hacerlo?"*.

Esta fue una gran victoria para Nellie y para todas las mujeres. Poco después, el Senado canadiense nombró a Cairine Wilson, la primera mujer senadora.

Carrera posterior

En 1933, Nellie se mudó con su familia a la isla de Vancouver, donde se centró en su escritura. Publicó su autobiografía, *"Clearing in the West: My Own Story"* en 1935. Continuó escribiendo cuentos y artículos en revistas y periódicos. Se convirtió en delegada de la Sociedad de Naciones en 1938 y continuó su carrera como oradora pública abogando por los derechos de las mujeres.

Nellie murió el 1 de septiembre de 1951, a la edad de 77 años.

Emily Murphy

Emily nació el 14 de marzo de 1868 en Innisfil, Canadá. Fue escritora, activista y miembro destacado del movimiento sufragista. En 1916, se convirtió en la primera magistrada canadiense. Sin embargo, en su primer día de trabajo, un abogado le dijo que no estaba reconocida como persona según la ley británica. Ella luchó contra esta injusticia iniciando el "Caso de las Personas".

Henrietta Muir Edwards

Henrietta nació el 18 de diciembre de 1849 en Montreal. Fue artista, reformadora y defensora de los derechos de las mujeres. Luchó por los derechos de las mujeres a la educación y al trabajo. Se unió a diferentes organizaciones y movimientos que ayudaron a las mujeres a tomar sus propias decisiones y llevar una vida mejor. También contribuyó a la aprobación de la Ley de la Dote de Alberta de 1917.

Louise McKinney

Louise nació el 22 de septiembre de 1868 en Elizabethtown-Kitley, Canadá. Fue predicadora laica y activista por los derechos de las mujeres. Fue la primera mujer legisladora en Canadá y Gran Bretaña. Fue sufragista y jugó un papel junto a Henrietta en la aprobación de la Ley de la Dote de Alberta de 1917. Fue miembro de la Unión Cristiana de Mujeres por la Templanza, que prohibió el alcohol y luchó por el derecho al voto de las mujeres. Trabajó con Dominion WCTU para abogar por el sufragio femenino. En 1916, a las mujeres de Alberta se les concedió el derecho al voto, gracias a sus contribuciones.

Irene Parlby[13]

Irene Parlby

Irene nació el 9 de enero de 1868 en Londres, Reino Unido. Fue activista por los derechos de las mujeres y miembro de la Asamblea Legislativa de Alberta (ALA). Fue la primera mujer canadiense en ocupar un puesto en el gabinete. Dedicó su carrera a defender los derechos de las mujeres y a ayudarlas a conseguir las mismas oportunidades que los hombres. Aprobó una ley para mejorar la Ley de la Dote, otorgando a las madres un subsidio y un salario mínimo para las mujeres.

Cronología de los cambios legales en el derecho al voto de las mujeres canadienses

- En 1916, se aprobaron leyes que modificaban la ley electoral de Manitoba, la ley estatutaria de Saskatchewan y una ley para la igualdad de sufragio en Alberta.
- En 1917, se aprobaron leyes que modificaban la Ley de elecciones de Columbia británica, la ley de elecciones de Ontario, la ley de elecciones en tiempo de guerra y la ley de votantes militares.

- En 1918 se aprobaron leyes por las que se modificaba la ley de sufragio de Nueva Escocia y la ley de sufragio electoral de la mujer.

- En 1919, se enmendó la ley electoral de Nuevo Brunswick y se aprobó la ordenanza electoral del Yukón.

- En 1922, se aprobó la ley electoral de la ssla del príncipe Eduardo.

- En 1925, se aprobó una ley que modificaba la ley de Terranova y Labrador.

- En 1940, se aprobó una ley que permitía a las mujeres el derecho al voto en Quebec.

- En 1951, se aprobó la ley de ordenanza electoral.

- En 1960 se enmendaron la ley indígena y la ley electoral canadiense.

Sin la perseverancia y el coraje de mujeres como Viola y Nellie, las mujeres de hoy todavía estarían luchando por sus derechos básicos. Se enfrentaron al racismo y a los desafíos sociales y políticos para que las generaciones futuras tuvieran una vida mejor. Estas mujeres abnegadas no querían fama ni reconocimiento; Solo querían ser tratados como iguales.

Capítulo 4: El viaje del 'Búho Gris' desde Inglaterra hasta el corazón de la conservación canadiense

Algunos afirman que fue el más grande ecologista de principios del siglo XX. Otros lo llaman impostor. La identidad del Búho Gris estuvo envuelta en misterio hasta su muerte, y muchos aspectos de su vida siguen siendo desconocidos hoy en día. Sin embargo, sus contribuciones al ecologismo y su increíble carácter tienen un impacto innegable en los primeros esfuerzos de conservación canadienses. Como una adición más a la lista de figuras que dieron forma a la historia canadiense, este capítulo explora la vida y las acciones de Grey Owl, trazando su camino desde su país de origen hasta su identidad indígena autofabricada y más allá.

Búho gris[14]

¿Quién fue Búho Gris?

Nacido como Archibald Belaney en Hastings, Inglaterra, en 1888, Grey Owl no había tenido un comienzo fácil en la vida. Cuando era un niño pequeño, sus padres se fueron de Inglaterra en busca de una vida mejor en los Estados Unidos, dejando a Archibald al cuidado de sus tías y su abuela. Si bien sus parientes le proporcionaron refugio, comida y educación, todavía sentía el vacío dejado por sus padres, lo que, según algunos, podría explicar por qué le resultó fácil fabricar la identidad de sus padres (y la propia) más adelante en la vida.

Después de terminar la escuela primaria, Archibald encontró un trabajo en una fábrica de madera local, donde trabajó hasta que se mudó a Canadá en 1906. Con menos de 18 años, el joven Archie era muy aventurero y ambicioso, y para él, convertirse en cazador de pieles en el norte de Ontario le parecía la manera perfecta de ganarse la vida. Después de mudarse, vivió con el pueblo ojibwe cerca del lago Temagami, quienes le enseñaron todo lo que necesitaba saber sobre la pesca y la captura con trampas. En este nuevo y emocionante mundo, Archibald quedó fascinado con la forma de vida indígena. Todo, desde la cultura hasta cómo las personas se conectaban con su entorno, le interesaba.

Todavía en busca de más aventuras, Archibald se unió a la Fuerza Expedicionaria Canadiense de Ultramar poco después de que estallara la Primera Guerra Mundial. En ese momento, ya había comenzado a refabricar su identidad, ya que sus documentos de alistamiento enumeran a Montreal como su lugar de nacimiento. También afirmó ser de ascendencia de las Primeras Naciones.

Aunque propenso a modificar el comportamiento, la naturaleza solitaria de Archibald y su interés en las naves de campo pronto evocaron el interés de su superior en convertirlo en un francotirador. Lo alentaron a mejorar sus habilidades con el rifle y usar su movilidad a su favor. Escuchó y se entrenó para convertirse en un hábil tirador, capaz de derribar a cualquier número de enemigos uno por uno.

Además de ser un francotirador extraordinario, sus camaradas lo elogiaron por su valentía, especialmente durante la batalla que finalmente lo dejó herido y fuera de servicio. En un golpe de coincidencia, fue llevado a un hospital militar de Hastings para recuperarse, pero no se quedó allí ni en Inglaterra. En 1917, ya estaba de regreso en Canadá, listo para ver más del estilo de vida indígena y continuar adoptando su nueva personalidad.

Nace el Búho Gris

Después de su regreso a Canadá, Archibald Belaney ya afirmaba haber nacido en Hermosillo, México, hijo de un explorador escocés y una mujer apache jicarilla llamada Katherine Cochise. Su padre, George Belaney, sirvió en las guerras del suroeste de los indios, donde conoció a Buffalo Bill Cody, el sabio luchador indígena que se convirtió en su amigo. Según el testimonio de Archibald, Buffalo Bill invitó a sus padres a ver el espectáculo del Salvaje Oeste en Inglaterra. Después de concebirlo en Inglaterra, sus padres regresaron a México justo antes de su nacimiento. Poco después de su nacimiento, la familia de Archibald se mudó a América del Norte. Afirmó haber dejado su hogar familiar a la edad de 15 años, cuando se mudó para probar suerte en la captura y la artesanía en madera en Ontario. También afirmó que el pueblo Ojibway lo adoptó y le dio un nuevo nombre, Wa-Sha-Quon-Asin, que se traduce como *El-Que-Vuela-De-Noche* o *Búho Gris*. Según algunos relatos, su nombre indígena, dado tradicionalmente por el carácter de cada uno, se le otorgó porque su impulso por la vida solitaria aumentó aún más después de la guerra. Como le sucedió a muchos otros soldados, sus heridas y su experiencia en el campo de batalla le dejaron huella. Sin embargo, ya sea que esto fuera cierto o no, su nuevo nombre demostraría ser excelente, especialmente a la luz de lo que lograría más adelante en la vida.

Cuanto más tiempo pasaba en los bosques y ríos del norte, más había adoptado Búho Gris su nueva personalidad. Solo pasaba tiempo con los indígenas y, a veces, incluso se negaba a hablar inglés. Fue descrito como un hombre temperamental que, queriendo evitar problemas con la ley de los blancos, optó por aislarse. Al mismo tiempo, sus amigos indígenas lo consideraban una buena persona con un gran sentido del humor.

Además de ser derribado por fuertes ataques de melancolía, el Búho Gris fue devastado aún más por los cambios en los bosques del norte de Canadá. En esta época, la industrialización estaba en pleno apogeo, lo que significó un aumento en el uso de la madera. Los bosques que llegó a conocer como la palma de sus manos después de su primera llegada se estaban volviendo irreconocibles. En algunos lugares, se pasó por alto, mientras que en otros, los animales desaparecieron. Esto hacía que ganarse la vida como cazador de pieles fuera muy problemático, aunque esto se estaba convirtiendo en la menor de las preocupaciones de los búhos grises. También se estaba ganando enemigos entre los inspectores forestales y se enfrentaba a una posible pena de prisión por agredir a un agente de la estación.

En medio de todo este caos e infortunio, en 1925, Búho Gris conoció a Anahareo, una joven iroquesa mohawk que cultivaba un profundo odio contra la práctica de la captura con trampas. También conocida como Gertrude Bernard, Anahareo se convertiría en el amor de la vida de Búho Gris y en la persona que más le influyó a lo largo de sus últimos años. Ella le mostró el verdadero efecto de las trampas en la fauna canadiense y lo animó a aprender más sobre la conservación.

Todo comenzó cuando Búho Gris capturó y mató a un castor, solo para descubrir que el animal tenía dos crías para alimentar. Anahareo le pidió que acogiera a los castores huérfanos y los cuidara. Después de hacerlo, se volvió mucho más compasivo con los animales, lo que le hizo dejar atrás las trampas de una vez por todas. También dio inicio a su carrera como protector y conservacionista, ya que comenzó su activismo en defensa de los castores y otros animales salvajes. Su nueva sensibilidad hacia los animales también fue evidente en sus escritos:

> "Parecían ser casi como gente pequeña de algún otro planeta, cuyo idioma aún no podíamos entender del todo", escribió. "Matar a semejantes criaturas parecía monstruoso. No haría más de eso. En lugar de perseguirlos más, los estudiaría, vería exactamente qué había de malo en ellos. Tal vez podría comenzar una colonia propia; No se podía permitir que estos animales desaparecieran completamente de la faz de este desierto".

Primeros esfuerzos de conservación y participación pública

Durante el invierno que marcó la transición entre 1928 y 1929, el Búho Gris estableció su primera colonia de castores y comenzó a abogar por ella. La colonia inicial se creó con los dos gatitos criados por Grey Owl y Anahareo, pero pronto se amplió con la ayuda de otros amigos indígenas. Mientras tanto, optando por combinar lo útil con lo agradable, se acercó a los centros turísticos para ganar dinero como conferenciante sobre conservación. Debido a su preferencia por un estilo de vida solitario, hablar en público no le resultó fácil, pero finalmente (y probablemente impulsado por su pasión), encontró su camino y el público quedó encantado con él. También le pagaban bien.

Por un solo compromiso, ganaría más de lo que él y Anahareo ganaron durante toda una temporada de captura.

Con su reputación como conservacionista apasionado en crecimiento, Grey Owl también se dedicó a escribir. Escribió artículos y libros, y en 1930, incluso contribuyó a la realización de un cortometraje creado por los parques nacionales de Canadá sobre su trabajo en la conservación de los castores. También obtuvo el apoyo de la división de parques canadienses y de la asociación forestal canadiense.

Curiosamente, su primer libro, *The Men of the Last Frontier*, se publicó por primera vez en Inglaterra y no en Canadá. Sin embargo, más tarde, tuvo éxito en Canadá y Estados Unidos. Después de escribir su segundo libro, *Pilgrims of the Wild*, el gobierno canadiense hizo más cortometrajes sobre su trabajo con los castores. Este libro vuelve a contar la historia de su transformación de un trampero que lucha por ganarse la vida en un entorno devastado por la tala excesiva, los incendios y la caza excesiva a un ávido defensor de los animales. Describe su vida diaria con sus dos gatitos castor rescatados, a menudo describiendo sus divertidas aventuras mientras crecían.

También fue invitado a una gira de conferencias por Gran Bretaña. Una encarnación de la contradicción, aparecería con el cabello en el estilo tradicional de dos trenzas, junto con un sombrero, mocasines y un traje conservador. Combinado con su enérgica forma de dar conferencias, creó una gran sensación, tal como lo hizo en Canadá antes. Su presunta identidad de las Primeras Naciones aumentó aún más su atractivo y éxito en sus esfuerzos por acercar el tema de la conservación de la vida silvestre al público en general.

A pesar del éxito público, incluso sus escritos parecían contradictorios a veces. Por ejemplo, en algunas reflexiones, transmitía su disgusto por matar criaturas inocentes. En otros, confesó haberse entrometido en el territorio de animales que profesaba proteger, o parecía perdido cuando observó el comportamiento de los castores que rescató. Sin embargo, esto podría explicarse con un simple hecho. A diferencia de la literatura popular, que se centraba en retratar de forma atractiva el estilo de vida indígena, sus notas empujaban la realidad a la que se enfrentaban los pueblos indígenas de los bosques del norte de Canadá. Tenía un conocimiento interno de los efectos de la industrialización en la silvicultura y quería que todos escucharan y leyeran sobre ello.

Sin embargo, también era conocido por exagerar en sus historias de la naturaleza. Por ejemplo, en su esfuerzo por acercar las criaturas del bosque al público (y hacer que se preocupen más por su conservación), inventaba historias escandalosas de encuentros con hasta 58 lobos mientras caminaban por un parque nacional. De acuerdo con sus propios acuerdos, a pesar de dispararles, solo se acercarían amenazadoramente, solo para dejarlo escapar sin ninguna lesión al final.

Obtener apoyo del gobierno

En la primavera de 1931, el Búho Gris se trasladó al Parque Nacional Riding Mountain. Se embarcó en una nueva aventura, llevándose consigo solo a un joven castor macho, mientras que Anahareo se quedó atrás para concentrarse en la prospección. Al ver esfuerzos genuinos (y dejando de lado su personalidad pública algo contradictoria), el gobierno canadiense le ofreció un trabajo. Iba a trabajar en el parque mientras cultivaba una nueva colonia de castores.

Parque nacional de la montaña de Equitación[15]

Búho Gris aceptó con gusto, pero con una condición: quería elegir dónde establecer el campamento para él y su colonia. Si bien el superintendente del parque sugirió que podrían vivir cerca del lago más grande (pensando que proporcionaría mucho alimento para los animales), él rechazó esta idea porque el lugar estaba demasiado cerca de los límites del parque. Después de pasar años observando castores, sabía que los especímenes jóvenes a menudo migraban durante la primavera, y podían alejarse fácilmente de los confines seguros del parque nacional. Al optar por un pequeño lago en su lugar, proporcionó más aislamiento para los castores.

Hizo su primer esfuerzo de conservación en el parque nacional Riding Mountain antes de mudarse por completo. Por cortesía del gobierno, se erigió una cabaña para el búho gris en su lugar preferido, proporcionando una excelente vista del parque e inspiración más que suficiente para sus futuros escritos. Después de una temporada, dio una descripción vívida del parque (acercándolo a los ojos de otros partidarios de la conservación):

"Con su bosque de álamos y sus colinas alfombradas con miríadas de flores, se yergue como una inmensa isla verde sobre la uniformidad cálida y seca de la pradera de Manitoba azotada por el trigo que la rodea".

En esta descripción única, su educación ojibway brilló, independientemente de dónde pudo haber comenzado su camino de vida antes de fusionarse con su personalidad fabricada.

Desafortunadamente, después de esta misma temporada, también se dio cuenta de que el parque nacional Riding Mountain era demasiado hostil para los castores. Argumentó que era demasiado aislado y caluroso y que proporcionaba poco espacio para que los castores jóvenes migraran de manera segura (los castores que llevó consigo solo tenían sus crías). Queriendo llevar su plan autoritario a otra parte, pidió ser transferido. Su solicitud fue concedida, y él y su familia de castores fueron trasladados al lago Ajawaan en el parque nacional Prince Albert, Saskatchewan. Allí vivió hasta su muerte el 13 de abril de 1938.

La verdad emerge

Poco después de la muerte de Búho Gris, se reveló la verdad sobre sus orígenes ingleses. Salió a la luz que no era indígena en absoluto y que nunca había estado en Hermosillo, junto con muchas otras mentiras que dijo a lo largo de los años. Su madre no era apache, sino inglesa, y su nombre era Katherine Cox. Su padre, George Belaney, era conocido por sus maquinaciones, habiéndose casado varias veces en secreto, abandonando a varios hijos y defraudando a empleadores y socios comerciales tanto en Inglaterra como en los Estados Unidos. Su tío abuelo, James Belaney, era un ávido cazador de halcones, por lo que es seguro decir que tanto la fantasía como la caza eran pasiones heredadas para Archibald Belaney, como era su verdadero nombre.

Archibald creció leyendo historias sobre los pueblos indígenas de América del Norte y fue un amante de los animales desde una edad temprana. Pasó mucho tiempo imitando los sonidos de los animales, y finalmente aprendió a ulular como un búho. También se reveló que tenía excelentes habilidades de actuación, lo que explica por qué pudo encantar al público con su personalidad falsa. Pasaba su tiempo libre en St. Helen's Woods, siempre lucía un bronceado, que se oscureció aún más durante su vida en el norte de Canadá. Con todas estas características, lo tenía todo para vender su aparente identidad.

El legado medioambiental del Búho Gris

Afortunadamente para el futuro de la conservación canadiense, el Búho Gris utilizó sus poderes de persuasión para crear un legado ambiental duradero. Después de su traslado del parque nacional Riding Mountain, las autoridades canadienses decidieron implementar su plan original y comenzaron a reintroducir castores en el parque. Sus esfuerzos fueron recibidos con éxito. Las colonias de castores, diezmadas por los tramperos en el siglo XVIII, pronto comenzaron a florecer y prosperar en el parque. El crecimiento de la población de castores también aseguró que otros animales, como el lobo que se alimentaba de ellos, también prosperaran.

Sin embargo, tal como advirtió el Búho Gris, los jóvenes migrantes se trasladaron a tierras de cultivo de trigo más allá de los límites del parque. Represaron arroyos en tierras privadas, lo que provocó que los agricultores dispararan y los mataran. Las autoridades recibieron otra lección de conservación del Búho Gris. Tenían que asegurarse de que la población de castores no solo creciera, sino que pudiera hacerlo de manera segura. De lo contrario, los animales felices crearían un depósito de agua alta en medio de una llanura. Pronto, los guardianes del parque recibieron instrucciones de soplar presas de castores más grandes para evitar la acumulación de agua en las tierras de cultivo de las llanuras.

Grey Owl podría haber estado lleno de falsedades o imperfecciones, pero sabía cómo capturar la imaginación del público. Sabía cómo llevar al frente problemas ambientales muy reales de manera mucho más eficiente de lo que podría hacerlo cualquier político o burkart ambiental de su tiempo. Además, sus esfuerzos también arrojan luz sobre un problema que aún persiste en los tiempos modernos. Se necesitan más personas que luchen por los cursos de conservación. Sus escritos y sus discursos públicos cuidadosamente seleccionados tenían como objetivo empujar a la gente a actuar. Destacó la importancia de preservar la naturaleza, considerándola una semilla de vida.

Su personaje podría haber sido la encarnación de la ficción, pero su ficción permitió que incluso el público urbano viera lo que estaba sucediendo detrás de la gran máquina de la Revolución industrial. Esta máquina que permitió que los escenarios urbanos se expandieran también le quitó algo elemental. Devastó la naturaleza de una manera que, si hubiera continuado, podría haber erradicado la vida en el norte de Canadá. Por fácil que pareciera, el bosque canadiense no era inagotable, y fue el Búho Gris quien abrió los ojos de la gente a este hecho.

El gobierno canadiense continuó proporcionando vivienda al búho gris en el parque nacional Prince Albert, al igual que lo hizo con los castores que crió y liberó en el parque. También apoyó los esfuerzos en favor de la conservación. Más allá de ser el conservacionista más popular de Canadá, hizo un servicio increíble al país. Salvó al animal nacional de Canadá de la extinción, que, según análisis ambientales posteriores, era inminente al ritmo al que estaba desapareciendo el país de los castores.

Se prestó atención a las advertencias de los búhos grises, y los esfuerzos de conservación reemplazaron lentamente la explotación en todo Canadá. Su éxito permitió que no solo su animal favorito, el castor, sobreviviera, sino también que la naturaleza canadiense y los pueblos nativos que la habitaban se sostuvieran y prosperaran.

Búho Gris salvó a su animal favorito, el castor, de la extinción[16]

La publicación del Búho Gris y sus giras por Gran Bretaña también jugaron un papel importante en su legado. A partir de la segunda mitad del siglo XVIII, Gran Bretaña fue uno de los mayores importadores de pieles de castor en el mercado europeo. Debido a los esfuerzos de su propio compatriota con una personalidad de Primera Nación fictada, los ingleses comenzaron a darse cuenta de los verdaderos costos de sus hermosas pieles importadas. Pronto, el mercado, antes insaciable, estaba experimentando una pausa, lo que hizo que la captura y la exportación de pieles de castor desde Canadá fueran mucho menos rentables.

Según sus propias palabras, Búho Gris se apasionó cada vez más por crear un futuro mejor para todos en el país:

> *"Cada palabra que escribo, cada conferencia que he dado, o que daré alguna vez, fue y será para el mejoramiento de la gente de los castores, de toda la vida silvestre, de los indios y mestizos, y para Canadá, de cualquier manera que pueda".*

Su trabajo como conservacionista puede haber pasado a un segundo plano cuando se reveló la verdad de sus orígenes, pero sus esfuerzos marcaron la diferencia. Su legado sigue vivo, ya que los castores y el resto de la vida silvestre prosperaron en los bosques recién cultivados y poblados en las áreas previamente devastadas. Los pueblos indígenas de Canadá continuarían teniendo problemas al tratar de conservar sus tierras natales, pero siempre encontrarían inspiración en las obras de conservacionistas como el Búho Gris.

Capítulo 5: El legado de Sir Arthur Currie y Agnes Macphail

Las personas que dieron forma a la historia canadiense se presentan de muchas formas, incluido un educador convertido en líder militar y un amante de la granja que saltó a la fama en la política. En este capítulo se analizan las contribuciones distintivas de Sir Arthur Currie y Agnes Macphail a través del liderazgo militar y la defensa política, respectivamente, destacando cómo sus experiencias y creencias personales allanaron el camino para su pasión por marcar la diferencia.

Sir Arthur Currie[17]

El ascenso de Sir Arthur Currie a la fama

Arthur Currie nació de padres inmigrantes irlandeses en 1875 en Strathroy, Canadá. Después de asistir a la escuela primaria local, recibió una educación para convertirse en maestro de escuela, pero optó por seguir otras empresas. Cuando Currie tenía 19 años, se mudó a Victoria, Columbia Británica, y trabajó como agente de seguros, desarrollador inmobiliario y gerente en una compañía de seguros. Impulsado por un fuerte deseo de contribuir a su país, Currie también ingresó en la milicia, donde ascendió al rango de teniente coronel en 1909. Esta experiencia en la milicia lo llevó por el camino para lograr varias victorias canadienses durante la Primera Guerra Mundial, incluida la de la batalla de Vimy Ridge.

Mientras servía en la milicia canadiense, Arthur Currie se hizo amigo de Garnet Hughes, un oficial subalterno e hijo del Ministro de Milicia y Defensa, Samuel Hughes. Aunque reacio a ofrecer un puesto en una Fuerza Expedicionaria Canadiense a alguien sin experiencia militar profesional, Samuel Hughes fue finalmente convencido por su hijo para que nombrara a Currie comandante de la 2ª Brigada de Infantería Canadiense. Esta decisión resultaría ser una de las mejores tomadas durante la participación de Canadá en la Primera Guerra Mundial.

Genio táctico

Currie y las tropas canadienses llegaron a Inglaterra en el otoño de 1914 y pasaron el invierno entrenándose bajo el mando del general británico E.A.H. Aldersons. A principios del año siguiente, tuvieron su bautismo de fuego en la Segunda Batalla de Ypres, donde también se enfrentaron al arma inusual utilizada por los alemanes, el gas cloro.

A pesar de sufrir grandes pérdidas, Currie fue elogiado por sus habilidades de pensamiento rápido y fue ascendido a comandante de la 1.ª División Canadiense en septiembre de 1915. A partir de mayo del año siguiente, el Cuerpo Canadiense estuvo bajo el mando de Sir Julian Byng, quien vio en el comandante Currie un gran aliado. Si bien no era un líder carismático o particularmente franco, Currie era un táctico brillante, y Byng aprendió a aprovecharse de esto. En junio de 1916, Currie fue enviado a realizar un contraataque contra las tropas nazis en Mount Sorrel, que ejecutó con éxito. Mientras sus hombres sufrían otra pérdida monumental en la Batalla del Somme, demostrarían su coraje una vez más en la Batalla de Vimy Ridge en abril de 1917.

Sir Julian Byng orquestó el plan inicial del ataque canadiense en Vimy Ridge, pero la ejecución magistral de Arthur Currie fue la verdadera victoria.

En ese momento, las fuerzas británicas y francesas estaban agotadas después de años de lucha y dificultades para encontrar nuevos reclutas, por lo que no podían permitirse pasar más tiempo observando cómo se desarrollaría el estancamiento. Idearon una estrategia ofensiva en la que las tropas francesas atacarían a los alemanes desde el río Aisne en Francia, mientras que los británicos crearían una distracción para inmovilizar a las fuerzas nazis en Arras. Las tropas canadienses, como parte de la fuerza británica, tenían la tarea de capturar Vimy Ridge, una elevación de 5,6 millas de largo en medio del campo abierto al norte de Arras, y ganar un valioso punto estratégico para supervisar las posiciones enemigas en el este. Según los registros canadienses: *"Se podía ver más de la guerra desde la cima de Vimy Ridge que desde cualquier otro lugar de Francia"*.

Después de entrar en la zona de Vimy, el ejército canadiense se encontró con un campo de batalla con restos de las batallas anteriores. Su primera tarea fue restaurar y reconstruir las trincheras medio destruidas y descuidadas mientras buscaban refugio en las casas y aldeas cercanas. Los soldados que no podían alojarse en sus casas vivían en tiendas de campaña y antiguas cavernas subterráneas, que les proporcionaban protección. También transportaron grandes cantidades de alimentos, municiones y suministros a la línea del frente, preparándose para una dura batalla. Se restauraron las carreteras y se construyeron tranvías para facilitar aún más el movimiento de soldados y suministros. Naturalmente, esto se hizo bajo la oscuridad de la noche para evitar los ojos vigilantes del enemigo. Mientras tanto, los canadienses también ejecutaron a pequeños asaltantes a través de las líneas alemanas, a menudo capturando prisioneros, apoderándose de bienes, recopilando inteligencia y haciendo cualquier otra cosa que pudieran para inquietar al enemigo.

Parte de las tácticas de Byng y Currie fue construir 11 túneles, lo que permitió a sus tropas llegar a la línea del frente de manera segura sin exposición abierta a las líneas enemigas. Incluso instalaron iluminación, estaciones de primeros auxilios, suministros de agua y cámaras para el cuartel general en estos túneles. Otra parte del plan consistía en dividir las tropas restantes en cuatro y, después de asumir una formación de lado a lado, atacar en las laderas. Mientras que los que salían en primera línea asumían sus posiciones frente a las líneas alemanas, los otros soldados se movían y realizaban asaltos cronometrados en campo abierto, donde otros ejércitos aliados los apoyaban.

Marcaron sus propias posiciones de trinchera y las del enemigo en el terreno con cinta adhesiva y proporcionaron información detallada a los soldados sobre los puntos fuertes del ejército alemán. Como medida revolucionaria, los mapas, las fotografías aéreas y los modelos transmitieron toda la información relevante y aseguraron la victoria.

Aprendiendo de su derrota en la batalla del Somme, las tropas canadienses, dirigidas por Arthur Currie, también implementaron otras innovaciones. Por ejemplo, colocaron el comando en un nivel inferior en el campo de batalla. Currie también alentó a sus soldados a aplicar el pensamiento crítico y tomar la iniciativa cuando sea necesario. En otras palabras, deberían dejar de confiar en las tácticas militares que les enseñaron de antemano. De acuerdo con los registros, otro consejo que les dio fue:

> —*"Sigue a tu teniente, y si se hunde, sigue a tu cabo; Prepárate para flanquear a los ametralladores enemigos que podrían sobrevivir al bombardeo inicial de artillería y seguir con bayonetas. No pierdas el contacto con el pelotón que está a tu lado".*

Además, se introdujo la variedad entre los soldados de infantería. Mientras que, antes, los fusileros eran considerados los más eficientes entre estos rangos, ahora otros soldados con tareas especializadas como el lanzamiento de granadas o el manejo de ametralladoras también se convertirían en miembros de la infantería. Este último iba acompañado de tropas de ingeniería en grandes oleadas, ayudándoles a erigir defensas o superar obstáculos a medida que avanzaban hacia las líneas enemigas.

La artillería jugó un papel crucial en el asalto, ya que se les proporcionó un suministro casi ilimitado de proyectiles y espoletas de proyectiles que explotarían al entrar en contacto con una bomba en lugar de caer inútilmente al suelo. La oleada principal de los atacantes se movería detrás del escudo protector del fuego aliado. Esto hizo que las tropas enemigas permanecieran refugiadas en sus búnkeres, incapaces de devolver el ataque, mientras ayudaban a los canadienses a avanzar hasta que estuvieron en las trincheras alemanas.

La artillería inició el ataque, y como se describe en la Historia Oficial del Ejército Canadiense en la Primera Guerra Mundial: "un bombardeo aplastante cayó sobre las posiciones alemanas. Un observador canadiense registra que los proyectiles se derramaban "sobre nuestras cabezas como el agua de una manguera, miles y miles al día".

Después de cuatro días de bombardeo, tuvo lugar el ataque principal. Al igual que con la mayor parte de la preparación, el ataque de Curry se ejecutó durante la noche, sorprendiendo al enemigo al amanecer. Si bien dificultó el avance en la cresta, también oscureció a los canadienses, que abrieron el ataque detrás de la seguridad del bombardeo de artillería. Barrieron las trincheras alemanas y salieron victoriosos de la batalla. A pesar de las miles de vidas perdidas en el lado canadiense, la maniobra fue exitosa. Sin las tácticas sobresalientes de Curry, se podrían haber perdido muchas más vidas, y la victoria también podría haberse perdido.

Después de la batalla, Byng se convirtió en comandante de los ejércitos británicos y recomendó a Arthur Currie como su reemplazo como comandante del Cuerpo Canadiense. A Currie se le dio este puesto (convirtiéndose en el primer canadiense en hacerlo) y fue nombrado caballero. Pronto obtuvo otra difícil victoria en la colina 70 y ejecutó un ataque magistralmente planeado en Passchendaele. El ataque constó de cuatro fases y se llevó a cabo en un período de dos semanas. Currie también mostró sus extraordinarias habilidades de planificación y liderazgo en la Campaña de los Cien Días, que marcó los últimos esfuerzos aliados en la derrota de Alemania y el final de la Primera Guerra Mundial.

Después de la guerra, la reputación de Currie estuvo rodeada de muchas controversias y, durante un tiempo, sus esfuerzos en tiempos de guerra parecían olvidados. Si bien el primer ministro Borden reconoció la brillantez de Currie, éste aún enfrentó fuertes críticas por sus acciones en los últimos días. Es decir, a pesar de la victoria general, se perdieron decenas de miles de vidas, lo que hace parecer que Currie sacrificó innecesariamente a los soldados canadienses.

Desde agosto de 1919, Arthur Currie trabajó como inspector general de las fuerzas de la milicia canadiense. Dejó este cargo en mayo del año siguiente, cuando fue nombrado director y vicerrector de la Universidad McGill. Aquí, volvió a demostrar su genio táctico al convertirse en un administrador universitario de gran éxito, una hazaña particularmente sorprendente para alguien que carecía de educación postsecundaria.

Arthur Currie murió en noviembre de 1933, pero su legado sigue vivo. Siempre será recordado por su maestría en situaciones desafiantes y su atención al detalle, incluso cuando el tiempo era esencial en el campo de batalla.

El viaje de Agnes Macphail a la Cámara de los Comunes canadiense

Agnes Macphail[18]

Nacida en 1890 en Dundalk, Canadá, Agnes Macphail fue una de las muchas hijas de una familia de granjeros de origen escocés. Provenientes de una línea de colonos escoceses que poblaron el condado de Grey en la década de 1800, la familia comenzó sus vidas en una modesta casa de troncos. En sus cartas a sus amigos más tarde en la vida, Agnes recuerda haber vivido en una casa oscura y fría durante su infancia, pero amarla al mismo tiempo.

A ella y a sus hermanos les encantaba jugar en la gran cocina, el corazón de la casa que siempre estaba caliente, aunque solo fuera por las risas. Más tarde, su familia se mudó a una granja a las afueras de Ceilán, y ahí es donde nació una de las pasiones de Agnes. Despreciando las tareas domésticas, que se consideraban un papel estrictamente femenino, Agnes prefería pasar sus días al aire libre en el suelo pedregoso cultivado para el pastoreo de ganado.

Le gustaba respirar el aire fresco y la fragancia de las coníferas cercanas, pero más que nada, le encantaba ayudar a su padre a cuidar a los animales. Afortunadamente, su familia no tenía objeciones a esto, y a menudo la animaba a poner el trabajo agrícola por delante de su educación. Según Agnes, aunque no había muchas muestras de afecto en su familia, mostraban un profundo respeto el uno por el otro. Todos mostraban respeto por los sentimientos y deseos de otras personas, lo que ella consideraba una muestra de amor mucho más poderosa.

Aun así, como a Agnes le gustaba la escuela tanto como la vida en la granja, luchó duro para obtener el permiso para continuar su educación. En 1906, ingresó a la Owen Sound Collegiate School, y dos años más tarde, al darse cuenta de que quería compartir su amor por el aprendizaje con los demás, asistió a la escuela para maestros en Stratford, Ontario. Después de graduarse en 1910, Agnes enseñó en varias escuelas de Ontario y Alberta.

Mientras adquiría experiencia como profesora, Agnes también se convirtió en una asidua asistente a reuniones sociales donde las mujeres hablaban de temas domésticos mientras que los hombres discutían de política. Con su mente ya puesta en evitar el matrimonio, estas discusiones persuadieron a Agnes de marcar la diferencia en todos los temas de los que escuchaba. En lugar de dedicar su vida a crear una familia y criar a los hijos, eligió la libertad que le permitió hacer contribuciones significativas a la sociedad.

Entrar en la escena política

Mientras trabajaba en la escuela Pegg's School cerca de Sharon, Ontario, Agnes Macphail se unió a organizaciones agrícolas locales, lo que le permitió convertirse en miembro participante del movimiento cooperativo agrícola. También se unió a United Farmers of Ontario (UFO), una organización que se enfoca en educar a los agricultores en asuntos sociales y políticos. Después de afiliarse al Partido Progresista y salir victorioso en las elecciones provinciales de Ontario de 1919, el UFO decidió nominar a un representante en la Cámara de los Comunes. Al ver su pasión por marcar la diferencia, eligen a Agnes Macphail, marcando el comienzo de su carrera en la política.

Su entrada en la escena política también fue significativa porque, en Ontario, las mujeres acababan de obtener el derecho al voto en el gobierno canadiense. En 1921, Agnes Macphail era la única mujer miembro del Parlamento, y recibió tantas críticas como aliados. Algunos argumentaron que podía usar su encanto femenino natural para ganar simpatía, mientras que otros la criticaron por ser una mujer soltera. Aun así, luchó para abordar cuestiones políticas y sociales que iban desde el reconocimiento y los derechos de los agricultores, la ayuda a la gente para hacer frente a las repercusiones de la Primera Guerra Mundial y la defensa de los derechos de las mujeres, las reformas penitenciarias y la paz.

Proveniente de una comunidad agrícola, Agnes conocía y hablaba abiertamente sobre los problemas que afectan a quienes viven en entornos rurales. Su elección a la Cámara de los Comunes fue recibida con algunas protestas al principio (por ser mujer), pero pronto justificó la confianza depositada en ella. Luchó por la igualdad de trato de los agricultores y se negó a dar marcha atrás y a "volver a enseñar en una pequeña escuela rural", como afirmaban los miembros de la oposición.

También se convirtió en una verdadera campeona de la clase trabajadora. Una de sus mayores contribuciones fue mejorar las condiciones de los mineros en el este de Canadá. Después de criticar abiertamente al gobierno por brindar apoyo financiero a la British Empire Steel Corporation mientras dejaba a los mineros con malas condiciones de trabajo, pudo obtener mejores salarios para los mineros. Los inmigrantes y los que trabajan en entornos rurales también encontraron en Agnes Macphail un aliado. Por ejemplo, erradicó los altos aranceles que beneficiaban a los fabricantes y ponían a los agricultores en desventaja. Como resultado, los agricultores pudieron ganarse la vida mejor y no fueron presionados por las grandes empresas. Al promover el movimiento cooperativo, también se aseguró de que los intereses de los trabajadores industriales y los agricultores permanecieran protegidos. En 1924, abandonó el Partido Progresista y, junto con sus colegas de Alberta, formó el Grupo Ginger independiente. Este grupo aparentemente pequeño se convertiría en uno de los mayores aliados de la gente durante la Gran Depresión en la década de 1930. Aliándose con otros grupos socialistas, laborales y agrarios, el Grupo Ginger formó la Federación Cooperativa de la Commonwealth (CCF), la entidad que apoyó la nacionalización de la industria, luchó por el estado de bienestar y proporcionó un seguro uniforme de desempleo y salud, así como pensiones. Aunque se vio obligada a abandonar el CCF en 1934, Agnes Macphail mantuvo el contacto con la organización y más tarde se reincorporó, representando al partido en la legislatura de Ontario en la década de 1940.

Otro de los mayores logros de Macphail fue su papel en la introducción de nuevas reformas penitenciarias. Al enterarse de un motín en la penitenciaría de Kingston, decidió investigar la causa en lugar de imponer castigos y esconder todo debajo de la alfombra, ya que las autoridades penitenciarias solían lidiar con situaciones similares. Después de enterarse de las deplorables condiciones en las que vivían los prisioneros, supo que el sistema penal canadiense tenía que cambiar.

Parte de esta reforma consistía en proporcionar educación a los presos que pudieran ser reformados. También argumentó que, en lugar de castigos corporales, los presos deberían tener trabajo para hacer, junto con tiempo para hacer ejercicio y estar al aire libre, lo que podría contribuir a su salud mental y física. Agnes también presionó para que se emplearan más guardias y personal médico cualificado en las prisiones y para que los presos tuvieran acceso a asesoramiento psicológico. Aunque la mayoría de sus esfuerzos fueron refutados hasta 1935, cuando el Partido Liberal reemplazó al gobierno conservador, el poder siguió su consejo. Fundó la Comisión Real, que investigó en profundidad el Sistema Penal de Canadá y, en 1939, comenzó a introducir 88 cambios en la organización.

Siendo pacifista, no es de extrañar que Agnes Macphail abogara por la paz durante toda su carrera política. Además de convertirse en miembro de la Liga Internacional de Mujeres por la Paz y la Libertad, también mantuvo debates en mítines contra la guerra. Al enterarse de que parte de la estrategia oficial de Defensa Nacional era financiar el entrenamiento de más soldados, argumentó en contra, alegando que solo prolongaría la guerra. En su lugar, propuso que el gobierno debería subsidiar la educación física y de paz de los jóvenes, enseñándoles sobre los beneficios de la resolución de conflictos en lugar de cómo defenderse cuando surgen conflictos.

En 1929, cuando se convirtió en la primera delegada canadiense en la Sociedad de Naciones, se negó a ocupar su puesto preasignado en el comité de Salud y Bienestar de Mujeres y Niños. Decidió formar parte del comité de Desarme, sabiendo que ese puesto le permitía realizar cambios más significativos. Cuando estalló la Segunda Guerra Mundial, votó a regañadientes para que Canadá se uniera a la guerra, considerando que no ayudar a los Aliados a derrotar a Hitler y al ejército nazi traería consecuencias mayores que la guerra en sí.

Agnes Macphail creó la Sociedad Elizabeth Fry de Canadá, una organización que proporcionaba ayuda a las mujeres en conflicto con la ley. Agnes, feminista, cultivó una fuerte amistad con las obras de Thérèse Casgrain y la sufragista Nellie McClung, y se inspiró en ellas. Además de apoyar a los Cinco Famosos, que abogaron por los derechos de las mujeres a convertirse en miembros del Senado (al ser reconocidas oficial y legalmente como "Personas"), Agnes también abogó por la equidad de género. Quería erradicar la discriminación legal, social y profesional contra las mujeres. Una de sus mayores contribuciones en este frente fue abrir discusiones sobre la modificación de las causales de divorcio.

Thérèse Casgrain[19]

Después de perder su escaño en la Cámara de los Comunes en 1943, Agnes se ganó la vida dando conferencias en Canadá y Estados Unidos, escribiendo campañas para el Ontario CCF y elaborando artículos para el Globe and Mail. Sin embargo, después de salir victoriosa en una elección provincial en York East, en Toronto, se convirtió en miembro de la Legislatura de Ontario. Aquí, continuó abogando por los derechos de las mujeres, junto con el apoyo a los agricultores, los reclusos y los trabajadores industriales.

Como su última victoria política, Agnes Macphail logró aprobar la primera legislación de igualdad salarial de Ontario en 1951. La ley de Remuneración Justa de las Empleadas fue un paso monumental hacia la equidad en la legislación. Poco después, perdió su escaño en las elecciones provinciales, pero continuó su trabajo, elaborando un informe detallado sobre la situación de la mujer en Ontario. Si no hubiera sucumbido a una enfermedad debilitante en 1954, habría sido nombrada miembro del Senado, donde habría seguido marcando la diferencia en la escena política de Canadá.

Aunque durante mucho tiempo fue retratada en público como una mujer estricta y matrona, el legado de Agnes Macphail dice mucho de su naturaleza apasionada y cariñosa. Se arrepintió de haber dado la impresión de ser una persona sin sentido del humor y sin amor, pero nunca se lamentó de luchar por lo que creía justo y equitativo.

Al negarse a permanecer en el lugar que la sociedad le dictaba, demostró a todos cuánto cuenta el poder de la dedicación. Su terquedad dio sus frutos, y sus esfuerzos han sido conmemorados de muchas maneras desde entonces. Desde nombrar monumentos con su nombre hasta exhibir sus posesiones personales y establecer el comité de reconocimiento de Agnes Macphail, no faltan formas de recordarla. Y lo que es más importante, su paso por el Parlamento dio lugar a muchos cambios, cuyos efectos aún se sienten en los tiempos modernos.

Capítulo 6: James Wolfe, Louis-Joseph de Montcalm y la batalla por Quebec

James Wolfe[20]

La batalla de Quebec (o la batalla de las Llanuras de Abraham) puso a la civilización global en una nueva trayectoria. La expansión europea creó disputas territoriales en todo el mundo, y los resultados de estos conflictos construyeron la sociedad moderna. Los acontecimientos que siguieron a la batalla remodelaron Europa, América y Canadá, creando identidades nacionales únicas como subproducto de la época colonial europea.

James Wolfe y Louis-Joseph de Montcalm revolucionaron la guerra. El choque de estos genios militares decidió el destino de América del Norte. Poéticamente, ambos hombres encontraron su fin en su batalla final cuando sucumbieron a las heridas infligidas durante el conflicto. Wolfe salió victorioso, consolidando el control británico sobre Quebec. La derrota francesa en Canadá puede haber resultado en su apoyo a la Revolución Americana.

Canadá ha estado bajo el dominio francés y británico durante diferentes períodos de su historia. Hoy en día, Canadá es una monarquía constitucional, lo que significa que el rey es el jefe de Estado, pero confía el poder al gobierno para tomar decisiones en interés del pueblo. La transición de Canadá de una colonia francesa a su estado-nación independiente hoy en día está directamente relacionada con la batalla de Quebec.

Los resultados de esta batalla también influyeron en Estados Unidos y lo pusieron en su camino para convertirse en una superpotencia mundial. Sin la batalla de Quebec, la revolución americana no habría tenido éxito. El conflicto entre la Francia expansionista y Gran Bretaña trazó líneas que guiarían el destino de la humanidad en los siglos venideros. Esta batalla muestra cómo el colonialismo encogió el mundo y sentó las bases de los sistemas globalizados en los que se basa la sociedad actual.

La magia reside en los detalles más finos. Las decisiones aisladas de James Wolfe y Louis-Joseph de Montcalm resonaron en todo el mundo y en el futuro. Nunca llegaron a ver el mundo que ayudaron a crear, pero en la muerte, ayudaron a dar a luz a un Canadá radicalmente diferente.

James Wolfe

James Wolfe es recordado como un héroe canadiense. Su memoria nos recuerda que debemos perseguir nuestros objetivos contra viento y marea. Su precisión militar y su compromiso con su causa lo llevaron a la victoria. Wolfe enfrentó muchas luchas que coincidían con la cima de sus logros militares. Sus disputas familiares y problemas de salud siempre fueron una carga para el capaz líder. A pesar de su sufrimiento y su trágico final, Wolfe se mantuvo fiel a sus valores, dando su vida por la causa en la que creía.

El compromiso de Wolfe con el ejército y su obsesión por la estrategia perduraron después de su muerte. Publicó póstumamente un manual de entrenamiento llamado "Instrucciones para oficiales jóvenes". Este libro se formó a partir de sus meticulosas notas e incluía consejos tácticos y métodos de entrenamiento.

Primeros años

James Wolfe nació en 1727. Su padre militar, el teniente general Edward Wolfe, pudo haber influido en su decisión de unirse al ejército. Wolfe se unió cuando solo tenía 14 años. Se esperaba que Wolfe siguiera los pasos de su respetado padre. Como familia de clase media-alta, mantener un legado era esencial.

Con esta presión sobre sus hombros, Wolfe se dedicó a tener un impacto duradero en su carrera militar. Estaba comprometido a llevar la antorcha de su padre condecorado y a luchar por el país que amaba. Su arduo trabajo y lealtad rápidamente ganaron la atención de los rangos más altos. Esto impulsó la carrera de Wolfe hasta que alcanzó el rango de general de división. La carrera militar de Wolfe alcanzó su punto álgido con su victoria sobre los franceses, que unían las colonias británicas en América del Norte, pero su muerte nunca le permitió disfrutar de los frutos de su trabajo. La leyenda de Wolfe creció con la muerte cuando se convirtió en uno de los héroes militares más influyentes de Canadá.

La reputación militar de Wolfe se solidificó, pero su vida familiar fue tumultuosa. El héroe militar quería casarse con una mujer de la que estaba perdidamente enamorado, llamada Elizabeth Lawson. Su madre rechazó el matrimonio; sin embargo, se mantuvo decidido y encontró a otra joven, Katharine Lowther, a quien su madre volvió a rechazar. Esto rompió su relación, y Wolfe nunca volvió a hablar con su madre. La muerte de su hermano lo alejó aún más de su familia.

Asciende en las filas británicas

Después de unirse al ejército a la tierna edad de 14 años, Wolfe despertó rápidamente a las duras realidades de la guerra. Antes de cumplir los 18 años, Wolfe estuvo en primera línea en la batalla de Dettingen en 1743. El duque de Cumberland quedó impresionado con la valentía, el sentido del deber y la inteligencia del joven soldado, por lo que lo apoyó en los primeros años de su carrera. El duque a menudo abogaba por Wolfe y mencionaba su nombre cuando surgían oportunidades.

Unos años más tarde, Wolfe luchó en Culloden en 1746. Más tarde sirvió en Irlanda y Escocia durante la década de 1750. Durante este período, James Wolfe creció en experiencia y comenzó a desarrollar una mente militar táctica con su conocimiento acumulado. Wolfe continuó sobresaliendo en varias batallas durante la guerra de los Siete Años, demostrando ser un líder valiente. Se convirtió en general de división debido a la habilidad que mostró en el asedio de Louisbourg en 1758.

Filosofías militares

James Wolfe fue el máximo estratega militar. Se obsesionó con encontrar formas más eficientes y efectivas de llevar a cabo la guerra. Analizó todos los aspectos de la batalla, incluidas las formaciones estratégicas y el uso del equipo. Wolfe era respetado por aquellos que servían bajo su mando debido a los altos estándares que exigía de ellos y de sí mismo. Wolfe se centró en el trabajo en equipo y la unidad, dándose cuenta de que cada persona de una unidad debería poder confiar plenamente en los demás en el contexto de vida o muerte de la guerra. Por lo tanto, Wolfe llevaba la misma cantidad de equipo que sus soldados de infantería, a pesar de que un oficial no estaba obligado a hacerlo.

Wolfe nunca se casó. El ejército se convirtió en su principal objetivo, razón por la cual sobresalió en él al nivel que lo hizo. Su singular enfoque en el objetivo de fortalecer a Gran Bretaña lo convirtió en uno de los activos más valiosos del ejército. Wolfe creía idealistamente en los valores del ejército y encarnaba la identidad del soldado hasta la médula. A pesar de sus problemas de salud, Wolfe se mantuvo enérgico, siempre buscando asumir más responsabilidades. Su vida y victoria inspiraron muchas obras de arte y monumentos en el Canadá británico.

Louis-Joseph de Montcalm

Aunque Wolfe salió victorioso en el otro lado del conflicto, su formidable oponente fue Louis-Joseph de Montcalm. Los dos hombres se respetaban mutuamente a medida que se difundían las historias de su grandeza. La última comunicación que ambos hombres enviaron fue el uno al otro, pero ninguno de los mensajes llegó a su destino porque ambos murieron antes de que pudieran ser entregados.

Louis-Joseph de Montcalm[21]

Primeros años

Al igual que Wolfe, De Montcalm nació en el seno de una familia respetada. Provenía de la nobleza y nació en 1712 en Vestric-et-Candiac, Francia. De Montcalm se alistó en el ejército cuando tenía 9 años. La riqueza de su familia le otorgaba una posición privilegiada. El padre de De Montcalm compró una comisión de capitán, que era una práctica militar británica entre los siglos XVII y XIX que permitía comprar puestos de oficial .

En 1735 murió el padre de De Montcalm. Tras su muerte, De Montcalm asumió el título de su padre como marqués de Saint-Veran. Se casó con Angelique Louise Talon du Boulay poco después, y siguieron siendo una pareja comprometida. Como marqués de Saint-

Véran, De Montcalm tenía el poder, pero heredó las deudas que conllevaba el cargo. Su matrimonio con Angelique Louise Talon du Boulay ayudó a mejorar sus finanzas. Su matrimonio de conveniencia se transformó en uno de amor, ya que tuvieron muchos hijos.

El poderoso comandante francés

Aunque provenía de una familia adinerada, no se podía pasar por alto el compromiso de De Montcalm de demostrar su valía en el ejército. Ascendió rápidamente de rango debido a su valentía y excelencia estratégica. Su carrera militar comenzó en la Guerra de Sucesión Polaca cuando participó en los asedios de Kehl y Philippsburg. Luego luchó en el asedio de Praga durante la Guerra de Sucesión Austriaca.

Sus valientes esfuerzos fueron reconocidos, y De Montcalm fue ascendido a coronel en 1743. Fue galardonado con la prestigiosa condecoración de la Orden de San Luis por su trabajo en múltiples campañas italianas. De Montcalm pasó por una de las experiencias más horribles de su corta vida. El estratega fue capturado en la batalla de Piacenza y sufrió bajo las brutales condiciones de una prisión de guerra del siglo XVIII. Tras su liberación, De Montcalm fue ascendido a general de brigada y sirvió lealmente en el cargo hasta el final de la guerra en 1748.

El rey Luis XV lo envió a América del Norte para aplicar su experiencia en la guerra franco-india. De Montcalm explotó en el campo de batalla, convirtiéndose rápidamente en un hombre del saco para las tropas británicas. Con un colectivo de soldados franceses, milicias canadienses y colaboradores nativos americanos, De Montcalm capturó Fort Oswego de los británicos. Continuó su campaña y capturó fuertes adicionales al sur del lago Champlain. Las tropas británicas se rindieron y negoció términos pacíficos, pero los soldados nativos americanos atacaron a las tropas liberadas, matando a 200 de ellas.

El último momento de De Montcalm en la luz fue su última victoria en la batalla de Fort Carillon. El general James Abercrombie dirigió a 15.000 soldados británicos contra la fuerza mucho más pequeña de De Montcalm. La increíble planificación militar de De Montcalm y los errores garrafales de Abercrombie condujeron a una victoria decisiva. Esta sería la última vez que De Montcalm saboreó el éxito. Los líderes franceses comenzaron a retirar recursos en las Américas, mientras que los británicos invirtieron simultáneamente más en su esfuerzo bélico.

La batalla de Quebec

El destino de un país puede cambiar en un momento. La batalla de las Llanuras de Abraham duró menos de una hora, pero en ese corto tiempo, el futuro de las Américas cambió. Con esta dramática victoria, se selló el dominio británico en América del Norte. Los nativos franceses todavía vivían en Canadá, por lo que el país todavía tiene una gran población francófona en la actualidad. Los constantes enfrentamientos entre Francia y Gran Bretaña se convirtieron en un conflicto en toda regla.

En 1756, comenzó la guerra de los Siete Años (o la guerra Franco-India). Las batallas entre Gran Bretaña y Francia habían abandonado las costas de Europa y se estaban extendiendo hasta convertirse en uno de los primeros conflictos mundiales. La guerra se libró en múltiples frentes, con las potencias europeas alineándose con los bandos opuestos del conflicto. La mayor parte de los combates tuvieron lugar en Europa y en las Américas. La batalla de Quebec ocurrió durante la guerra de los Siete Años, pero la arena se estaba preparando antes de esto.

A principios de la década de 1750, Francia expandió la colonia hacia el valle del río Ohio. Esta posición estaba cerca de Gran Bretaña, por lo que se enfrentaban regularmente. Incluso cuando todavía había paz oficial entre los gobiernos británico y francés, ya se enviaban tropas para luchar en las Américas. Cuando comenzó la guerra en 1756, los franceses tenían la sartén por el mango. Bajo el liderazgo de Louis-Joseph de Montcalm, Gran Bretaña sufrió muchas pérdidas. Al darse cuenta de los beneficios del imperialismo, el primer ministro británico William Pitt emprendió una campaña de recaudación de fondos para asegurar la victoria de Gran Bretaña pidiendo prestado todo lo que pudiera. Gran Bretaña tenía 13 colonias dispersas por toda América del Norte. Su disputa con Francia fue en la isla de Orleans. La colonia de Nueva Francia incluía los grandes lagos de Canadá y se extendía hasta Luisiana y Misisipi.

Sus continuas batallas fronterizas llegaron a un crescendo en las Llanuras de Abraham. A pesar de que De Montcalm estaba en lo más alto de su cadena de victorias, no era rival para el genio estratégico de Wolfe. El general de división navegó a lo largo del río San Lorenzo, atracando en el suroeste de Quebec. Luego condujo a 4.500 soldados a las Alturas de Abraham. Tenían el terreno más alto sobre el ejército francés y dispararon contra ellos. Wolfe instruyó a sus soldados para que cargaran dos veces sus mosquetes para que el volumen pudiera desorientar aún más a los soldados franceses que fueron tomados por sorpresa.

Wolfe no pudo apreciar la rápida victoria debido a las lesiones que sufrió y su muerte poco después. Se enteró de que había ganado justo antes de fallecer, lo que le permitió enviar una última carta a De Montcalm para negociar los términos de la rendición. De Montcalm resultó herido cuando los disparos de rifle le atravesaron la espalda. Murió al día siguiente, también intentando establecer comunicación con Wolfe.

Francia quedó devastada por la pérdida. Su campaña militar e imperial en América del Norte terminó rápidamente. Al cabo de un año, perdieron todo el poder en la región, y su influencia en Europa también disminuyó. El proceso de reconstrucción después de la guerra llevó tiempo, y nunca se esforzaron por recuperar Canadá de los británicos. Su ayuda desde Estados Unidos puede haber sido motivada por planes para extenderse a través de la frontera, ya que los colonialistas no tenían ningún deseo de mudarse a Quebec.

El liderazgo de los generales

Ambos generales tenían estilos de liderazgo prácticos, lanzándose a las partes más acaloradas de las batallas y liderando a sus tropas desde el frente. Su joven entrada en sus respectivos ejércitos les dio una ventaja al sumergirlos en las profundidades para que pudieran ganar experiencia rápidamente. Estaban impulsados ideológicamente, con Wolfe proveniente de una familia de clase media alta y De Montcalm de la nobleza.

Los generales dieron su vida por sus países. Ambos lucharon por las fuerzas imperialistas y se dedicaron a cumplir los sueños expansionistas de sus gobernantes. Francia y Gran Bretaña son naciones orgullosas que constantemente estaban en guerra. Esta actitud brilló en ambos bandos de la guerra de los Siete Años. La batalla de Quebec fue un factor decisivo casi milagroso en el destino de Canadá. Después de que De Montcalm fue tomado por sorpresa, entró en pánico y tomó decisiones irracionales, enviando a muchos de sus hombres a la muerte. La superación que logró Wolfe es aún más impresionante si se tiene en cuenta el extenso currículum bélico de De Montcalm.

Las secuelas de la batalla

Cuando el polvo de la guerra se asentó, Canadá estaba firmemente bajo control británico. Los franceses no solo perdieron las Américas, sino que fueron derrotados en todo el mundo por Gran Bretaña, incluso en regiones como la India. Francia no olvidó la humillación que Gran Bretaña les infligió, ya que más tarde financiaron a los colonos contra los leales. Sin embargo, los ciudadanos franceses en Canadá no tenían ningún deseo de recuperar el territorio, especialmente teniendo en cuenta que carecían de armas, organización y financiación.

Gran Bretaña soportaría más tarde las consecuencias de la costosa guerra. Al igual que los franceses, que finalmente perdieron el control de Canadá, Estados Unidos obtuvo la independencia al separarse del imperio. Los resultados imprevistos de la guerra redefinieron Europa y las Américas. La Batalla de Quebec allanó el camino para la transición de la era colonial y el nacimiento de estados-nación independientes en las Américas y en todo el mundo.

Punto de inflexión en la historia de Canadá

Canadá siempre osciló entre el dominio británico y el francés. Los resultados de la batalla de Quebec instalaron firmemente a Gran Bretaña como la potencia europea que controlaba América del Norte. La batalla tuvo lugar en 1759, y en 1760, todas las fuerzas francesas fueron expulsadas del país. Tras su humillante derrota, se firmó el Tratado de París. En el acuerdo, todas las reclamaciones de Francia sobre el territorio canadiense se perdieron, y Gran Bretaña reclamó muchas posesiones francesas en varios países. Además, Luisiana fue entregada a España, mientras que Gran Bretaña controlaba la Florida española y el Alto Canadá.

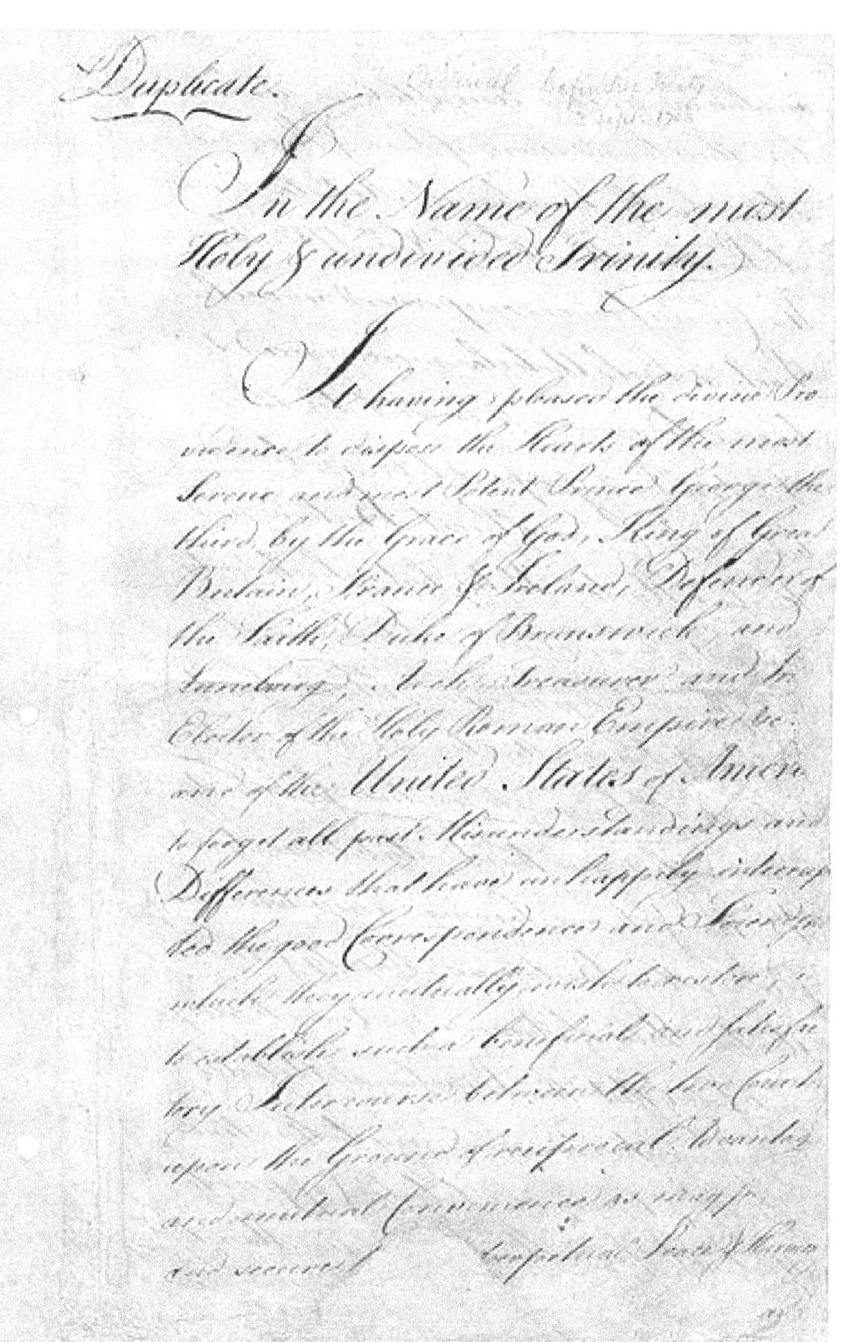

La primera página del Tratado de París[22]

La victoria fortaleció a las 13 colonias. El poder de las colonias impulsó a la Corona a ejercer un mayor control sobre la región. Los colonialistas se estaban acostumbrando a vivir en relativa libertad, alejados de la influencia de los funcionarios británicos. El aumento del control y la imposición de altos impuestos dio lugar a la Revolución Americana, durante la cual el país ganó su independencia como estado-nación.

Canadá permaneció leal a la Corona, pero decidió no intervenir en el conflicto estadounidense. Los temores de que los franceses recuperaran el control de Canadá se extendieron, pero incluso los canadienses franceses no tenían la voluntad política para oponerse al dominio británico. La pequeña colonia británica se centró en los asuntos internos. Aunque la guerra de los Siete Años contribuyó a la Revolución Americana, la acción permaneció relativamente lejos de Canadá. Esta distancia permitió que Canadá continuara funcionando como una colonia, lo que llevó a la monarquía constitucional de la que disfruta ahora el país.

Geopolítica de la región

El descubrimiento del Nuevo Mundo revitalizó los impulsos imperialistas de las naciones europeas. Todo el mundo buscaba reclamar estas tierras fructíferas, lo que dio lugar a muchas disputas. España y Portugal iniciaron la expansión en América, pero finalmente, Gran Bretaña y Francia entraron en el juego. América del Norte presentaba una oportunidad para aumentar el poder de un imperio a través de medios comerciales.

Con cada país reclamando diferentes partes de la tierra, sus fronteras fronterizas se convirtieron en focos de conflicto. En medio de las luchas coloniales, las batallas en Europa estallaron regularmente, con diferentes reinos aliándose con varias superpotencias, como Francia y Gran Bretaña. La guerra fue global, con regiones en disputa en todo el planeta. Las motivaciones del imperialismo atrajeron a las naciones europeas hasta los confines del planeta. La fiebre del oro del colonialismo dio origen a la guerra porque el botín de la conquista estaba claro a medida que las naciones crecían en recursos e influencia.

Los fondos que Gran Bretaña tomó prestados para luchar contra los franceses en Estados Unidos tuvieron efectos colaterales imprevistos. La guerra fue costosa, lo que puso a Gran Bretaña en una posición financiera incómoda. Esta es la razón por la que aumentaron los impuestos en las colonias, lo que contribuyó en gran medida a la motivación de la Revolución Americana. Las limitaciones que la Corona impuso a la expansión occidental también pueden haber contribuido a la creciente insatisfacción de los colonialistas con la Corona.

El impacto de la batalla en el Canadá moderno

Hoy en día, Canadá tiene una gran población francófona y todavía está bajo Gran Bretaña. La amalgama de estas dos culturas está sembrada en la identidad canadiense. El impacto de la batalla de Quebec se extendió más allá de los confines de Canadá. La guerra de los Siete Años fue un conflicto global que involucró a muchos componentes europeos y contribuciones de los nativos americanos.

La expulsión de los franceses para aumentar el dominio de Gran Bretaña finalmente condujo al desarrollo de identidades estadounidenses y canadienses separadas del dominio europeo. La derrota de los franceses en Canadá alimentó el vitriolo contra Gran Bretaña, lo que llevó a su apoyo a la Revolución Americana.

Estados Unidos, Canadá y Gran Bretaña son aliados globales en la actualidad. Estados Unidos se ha convertido en una superpotencia y Canadá tiene estrechos vínculos con el país. Los primeros conflictos en la organización de las Américas resultaron en mucho derramamiento de sangre y agitación. Pasaron siglos antes de que hubiera una verdadera estabilidad en América del Norte. El aspecto actual de Canadá y Estados Unidos dista mucho de las condiciones del caótico pasado. Sin el sacrificio de personas valientes y la dedicación para crear un mundo nuevo, la libertad y los derechos humanos inspiradores que se disfrutan en Canadá podrían no haber existido.

Capítulo 7: Alexander Graham Bell y el espíritu de la invención

Alexander Graham Bell es un nombre no solo conocido en Canadá, sino en todo el mundo, ya que dio origen al teléfono. No solo eso, también fue responsable de increíbles contribuciones a la comunidad sorda. El trabajo de Bell cambió no solo la forma en que las personas se comunican hoy en día, sino mucho más. Allanó el camino para la tecnología tal y como la conoces hoy en día, sentando las bases de un mundo en el que todo parece posible. Hay mucho más en su historia, especialmente cuando se trata de su viaje por Canadá. Así que, sigue leyendo y descubre la extraordinaria vida y el legado de Alexander Graham Bell.

Alexander Graham Bell[29]

Primeros años

En un frío día de marzo de 1847, en el corazón de Edimburgo, Escocia, la familia Bell dio la bienvenida a una nueva incorporación. Este pequeño paquete de alegría no era otro que Alejandro, llamado así tanto por su abuelo como por su padre.

Ahora bien, el abuelo Bell, que vivía en Londres, era todo un educador. Tenía la habilidad de ayudar a los niños con problemas del habla, como la tartamudez. Profundizó en los secretos de las palabras habladas, estudiando cómo nuestros pulmones, cuerdas vocales, labios y rostros juegan un papel en el habla. El padre de Alexander, Melville, siguió esos pasos, enseñando a hablar él mismo, por lo que, naturalmente, esperaban que el joven Alexander hiciera lo mismo.

Sin embargo, esto es lo que pasa con el pequeño Aleck, como lo llamaba cariñosamente su familia: era un alma curiosa. Con su rostro pálido, sus ojos marrones y su pelo oscuro y tupido, siempre se iba de aventuras. Junto a sus hermanos, Melly y Ted, recorría la campiña escocesa, recogiendo todo tipo de tesoros, desde plantas hasta huesos de animales.

Un fatídico día de verano de 1850, los Bell se fueron de picnic y el curioso Aleck se fue a explorar. Tropezó con un campo de trigo que parecía extenderse para siempre. Sentado entre el trigo que se mecía, cerró los ojos y se preguntó si podría oírlo crecer, pero, ¡ay!, silencio. Finalmente, trató de encontrar el camino de regreso al picnic, solo para perderse en el imponente trigo. Fue necesaria la voz de su padre para guiarlo de regreso a un lugar seguro.

Aleck no era precisamente un estudiante estrella. El griego, el latín, las matemáticas, todos lo aburrían, pero ¿las plantas, los animales y la música? Eso le encantaba. Su madre, Eliza, le enseñó a tocar el piano a pesar de ser casi sorda. Usando un tubo especial para los oídos, sintió las vibraciones de la música contra las teclas del piano. Aleck tenía una forma especial de hablarle a su madre, colocando suavemente su boca en su frente para que ella pudiera escuchar las vibraciones de sus palabras.

Eliza alentó la curiosidad y la creatividad de Aleck, pero su padre no hizo mucho. Melville tenía grandes planes para que su hijo sobresaliera académicamente, a menudo interrumpiendo las lecciones de piano de Aleck con aburridas discusiones sobre ciencia. Aleck era muy independiente y original. Inspirado por un amigo de la familia, decidió adoptar un nuevo segundo nombre, Graham, y a partir de ese día se convirtió en Alexander Graham Bell.

Un punto de inflexión

En 1862, después de terminar la escuela secundaria, Aleck se enfrentó a la preocupación de su padre por su falta de dirección. La solución, tal y como la vio Melville, fue enviar a Aleck a vivir con su abuelo en Londres. A pesar de la renuencia de Aleck a dejar a su madre y a sus hermanos, se encontró en un tren con destino a Londres, iniciando un viaje que alteraría el curso de su vida.

Londres, bulliciosa y extensa, contrastaba con el pintoresco encanto de Edimburgo. Londres, la ciudad más grande del mundo en ese momento, tenía grandes palacios, majestuosas catedrales, bulliciosos teatros y las imponentes casas del Parlamento, donde se deliberaban los asuntos gubernamentales. A Aleck le sorprendió la gran cantidad de gente y el aire contaminado de la ciudad, muy lejos de las calles más limpias y tranquilas de Edimburgo.

Vivir con el abuelo Bell significaba adherirse a un estricto conjunto de reglas, incluida la de vestirse como un caballero cada vez que salía a la calle: un traje oscuro, una camisa blanca rígida, corbata, sombrero de copa, guantes y un bastón eran atuendos obligatorios. Aleck también tenía que ser riguroso en sus estudios, seis días a la semana, aunque muchos temas no lograban captar su interés. Sin embargo, observar las lecciones de habla de su abuelo encendió una chispa dentro de él. Dada la libertad de explorar Londres de forma independiente, Aleck gravitó hacia la biblioteca, donde se interesó por los libros sobre sonido. Al reflexionar sobre este período más adelante en su vida, lo señaló como el punto de inflexión de su carrera.

Tras la visita de Melville a Londres, se encontraron con el renombrado inventor, Sir Charles Wheatstone, quien mostró un invento, una caja parlante, que capturó su imaginación. Inspirado, Melville desafió a Aleck y a su hermano, Melly, a crear su propia versión. Trabajando juntos, Melly creó los "pulmones" y la "garganta", mientras que Aleck creó la "lengua" y la "boca", dándoles forma para que fueran más claras en el habla. Sus esfuerzos dieron como resultado la creación de una máquina parlante, que demostraron en la parte inferior de la escalera de su casa. La voz realista que producía, pronunciando "Mamá, mamá", asombró a sus vecinos, que la confundieron con el llanto de un niño real. Este logro fue solo el comienzo del viaje de Aleck hacia la invención del teléfono, que fue impulsado por el desafío establecido por su padre.

Explorando nuevos caminos

A la edad de dieciséis años, Aleck sintió la necesidad de liberarse de su hogar, tal vez para convertirse en marinero. Sin embargo, un anuncio en el periódico alteró su rumbo. La academia Weston House en Elgin necesitaba maestros de música y oratoria. Tanto Aleck como su hermano, Melly, solicitaron en secreto, mencionando a su padre como referencia. Inicialmente enojado por sus acciones, Melville finalmente vio la oportunidad y envió a Melly a la Universidad de Edimburgo, mientras que Aleck se dirigió a la academia Weston House.

La Universidad de Edimburgo[34]

En Elgin, Aleck se encontró en una bulliciosa ciudad muy diferente de su ciudad natal de Edimburgo. A pesar del shock inicial, se adaptó al nuevo entorno y prosperó como profesor, a pesar de que era más joven que algunos de sus alumnos. A su regreso a casa, descubrió que su padre había inventado el Habla Visible, un método revolucionario para enseñar el habla a los sordos.

Junto con sus hijos, Melville realizó una gira por Escocia, demostrando la eficacia del Habla Visible. Estas demostraciones profundizaron el interés de Aleck por el habla y el sonido. Experimentó con diapasones, descubriendo similitudes entre el habla y los tonos musicales. Inspirado por el trabajo de un científico alemán, Aleck imaginó la posibilidad de transmitir sonidos de voz a través de cables de telégrafo.

La idea de un telégrafo parlante fascinó a Aleck, recordando la invención del telégrafo de Samuel Morse en 1835. El telégrafo Morse transmitía mensajes a través de corrientes eléctricas, que se convertían en puntos y rayas de código Morse, lo que permitía la comunicación a largas distancias.

La exploración de Aleck en el habla, el sonido y la telegrafía sentó las bases para sus futuros inventos. Con una comprensión cada vez mayor de las conexiones entre el habla y la tecnología, se embarcó en un viaje que eventualmente lo llevaría a la invención del teléfono.

Un nuevo comienzo en Canadá

El 7 de agosto de 1905, la tragedia golpeó a la familia Bell con el fallecimiento del abuelo Bell. Esto marcó un punto de inflexión, ya que Melville decidió trasladar a la familia a Londres, con la intención de hacerse cargo del negocio de su padre. Sin embargo, la tristeza golpeó una vez más cuando Ted Bell, de dieciocho años, enfermó y sucumbió a la tuberculosis en mayo de 1867. Tres años más tarde, el hermano mayor de Aleck, Melly, también perdió la batalla contra la misma enfermedad.

La familia quedó devastada, y Eliza y Melville temieron por la salud de Aleck, notando sus recientes quejas de dolores de cabeza. En busca de un cambio, tomaron la audaz decisión de cruzar el Atlántico hasta Canadá, estableciéndose en Brantford, Ontario. El aire fresco y el hermoso entorno ayudaron a Aleck a recuperarse, y pasó su tiempo experimentando con el sonido.

En abril de 1871, Aleck se mudó de nuevo, esta vez a Boston, Massachusetts. Consiguió un puesto de profesor en una renombrada escuela para sordos de Boston, donde su paciencia y el uso del sistema de habla visible de su padre permitieron a muchos estudiantes hablar por primera vez, asombrando a sus padres y atrayendo a más estudiantes a la escuela.

Aleck también dio clases particulares, incluso a George Sanders, de cinco años, hijo sordo de un rico hombre de negocios. Usando un guante especial con el alfabeto, Aleck le enseñó a George a leer y deletrear, abriéndole un mundo de comunicación y deleitando a su padre.

Siempre buscando formas innovadoras de ayudar a las personas a comunicarse, Aleck estaba intrigado por la capacidad de la Western Union Telegraph Company para enviar dos mensajes simultáneamente a través de cables telegráficos. Esto despertó una idea: ¿qué pasaría si pudiera enviar múltiples sonidos a través de cables de telégrafo simultáneamente? Así nació el concepto de un telégrafo armónico, y Aleck se propuso hacerlo realidad.

La fortuna le sonrió cuando le ofrecieron un puesto en la Universidad de Boston a pesar de carecer de un título universitario. Con un buen salario, un trabajo continuo con estudiantes privados y un espacio dedicado a sus experimentos, Aleck, ahora conocido como Alexander Graham Bell, se embarcó en un futuro prometedor con solo veintiséis años.

Una nueva dirección

Durante el verano de 1874, Alexander Graham Bell se encontró en Brantford, supuestamente para descansar, aunque no estaba ocioso. Fascinado por una máquina llamada fonoautógrafo, que traducía las ondas sonoras en patrones visuales, Aleck reflexionó sobre la posibilidad de utilizar las ondas sonoras para producir corrientes eléctricas. Esto despertó la idea de transmitir palabras habladas a través de cables de telégrafo, un concepto que lo acercaría a la invención del teléfono.

En medio de sus búsquedas inventivas, la atención de Aleck se centró en Mabel Hubbard, de dieciséis años, una de sus estudiantes de Boston. Sorda desde la infancia, Mabel podía leer los labios, pero tenía problemas con la claridad del habla. Sus padres, Gertrude y Gardiner Greene Hubbard, esperaban que Aleck pudiera ayudarla. Inicialmente no impresionada por la apariencia y el comportamiento de Aleck, la percepción de Mabel cambió gradualmente a medida que su padre reconoció el potencial de Aleck para inventar un nuevo sistema de telégrafo.

La insatisfacción de Gardiner Hubbard con la Western Union Telegraph Company, el único proveedor de telégrafos, le llevó a buscar alternativas. Reconociendo el ingenio de Aleck, le ofreció apoyo financiero para impulsar sus inventos. Mientras tanto, otro inventor, Elisha Gray, también compitió por el título de innovador del telégrafo, preparando el escenario para una rivalidad entre Gray y Bell en su carrera por inventar tanto el telégrafo armónico como el teléfono.

El nacimiento del teléfono parlante

En 1874, Alexander Graham Bell, aunque apoyado por Thomas Sanders y Gardiner Greene Hubbard por su trabajo en un nuevo telégrafo, seguía insatisfecho. Si bien el telégrafo armónico interesaba a sus patrocinadores, la verdadera ambición de Aleck radicaba en transmitir palabras habladas a través de cables. En busca de ayuda, solicitó la ayuda de Thomas Watson, un hábil artesano de la Charles Williams Electrical Supply Company.

A pesar de la presión de Hubbard y Sanders para que se centraran únicamente en el telégrafo armónico, Aleck y Thomas se embarcaron en su búsqueda para crear un teléfono. Continuaron con sus trabajos diurnos, pero colaboraban en el ático de la tienda por la noche. Mientras trabajaba en el telégrafo armónico, Aleck compartió su sueño de inventar un teléfono con Thomas.

Sin embargo, Hubbard y Sanders se mostraron escépticos sobre la viabilidad de un dispositivo que transmitía voz a través de cables e instaron a Aleck a concentrarse en el telégrafo. Amenazado con la retirada del apoyo financiero, Aleck se enfrentó a un dilema.

Mientras tanto, Thomas Watson, nacido en Salem, Massachusetts, en 1854, encontró su pasión por la invención en el taller mecánico de Charles Williams. Fue allí donde se cruzó con Alexander Graham Bell. La invención del teléfono convirtió a Watson en un hombre rico.

En junio de 1875, Aleck y Thomas experimentaron con el uso de lengüetas para transmitir sonidos a través de cables eléctricos. Cuando Thomas arrancó una caña atascada, Aleck, que sostenía el auricular en otra habitación, escuchó un estruendo. Esta revelación confirmó que el sonido podía viajar a través de los cables. Emocionado por el descubrimiento, Thomas comentó que el teléfono parlante nació en ese momento.

Una foto de Bell en el teléfono[25]

La carrera por la patente del teléfono

Emocionado por su descubrimiento, Aleck comenzó a esbozar posibles diseños para el teléfono. Sin embargo, también se sentía culpable por dedicar tanto tiempo a este nuevo invento. Escribió una carta al Sr. Hubbard explicando la importancia de su descubrimiento accidental.

Desafortunadamente, el Sr. Hubbard no se dejó impresionar e incluso amenazó con poner en peligro la relación de Aleck con Mabel si continuaba su búsqueda del teléfono. Sin inmutarse, Aleck escribió otra carta a Hubbard, declarando que si Mabel no podía aceptarlo por lo que era, entonces él no la quería en absoluto.

Afortunadamente, el amor de Mabel por Aleck era inquebrantable, y en su decimoctavo cumpleaños, aceptó su propuesta. Como condición, le pidió a Aleck que eliminara la "k" en su apodo, a partir de entonces conocido como Alec. Se casaron el 11 de julio de 1877.

A pesar de las súplicas de Mabel para que Alec aliviara su carga de trabajo, el teléfono consumió los pensamientos de Alec. Con Thomas, hizo progresos graduales en un modelo. Alec habló a través de una boquilla con una cubierta ajustada, que vibraba con las ondas sonoras de su voz, iniciando una corriente eléctrica para reproducir los sonidos de la voz. Sin embargo, la claridad sigue siendo un problema.

Reconociendo el progreso de Alec, Hubbard y Sanders le instaron a obtener una patente antes que otros. Aunque Alec prefería esperar hasta que el teléfono mejorara, sus compañeros estaban ansiosos.

El 14 de febrero de 1876, sin el conocimiento de Alec, Hubbard y Sanders solicitaron la patente. Apenas dos horas después, Elisha Gray intentó lo mismo, creyendo que su modelo era superior. Sin embargo, los esfuerzos de Gray fueron en vano. Alec había ganado la carrera para inventar el teléfono, asegurando la patente.

La invención

El 7 de marzo de 1876, Alexander Graham Bell recibió la patente estadounidense número 174.465A para su teléfono. Ahora, él y Thomas tenían la tarea de crear uno funcional.

Apenas tres días después, lograron el éxito. Trabajando en su laboratorio, Alec sostenía una boquilla en una habitación mientras Thomas escuchaba con un receptor pegado a su oído en otra. De repente, Thomas escuchó la voz de Alec que decía: "Watson, venga aquí, ¡quiero verlo!". Parecía urgente, pero Alec estaba realmente exultante. ¡Thomas había escuchado y entendido las palabras de Alec a través del cable telefónico!

En una carta a su padre, Alec expresó su emoción, previendo un futuro en el que los cables telefónicos serían tan comunes como las líneas de agua o gas.

1876 marcó el año del centenario de los Estados Unidos, celebrado con la exposición del centenario en Filadelfia. Casi diez millones de visitantes acudieron a maravillarse con diversas exposiciones, como arte, comida y artilugios innovadores. El Sr. Hubbard instó a Alec a exhibir su teléfono en la feria a pesar de la renuencia de Alec debido a sus compromisos en Boston. Además, Elisha Gray, que ahora posee una patente para el telégrafo múltiple, demostraría su invento en el evento.

A regañadientes, Alec accedió a asistir y colocó su teléfono en un pequeño rincón de la sala de convenciones. Inicialmente desapercibido, el invento de Alec llamó la atención de Don Pedro II, el emperador de Brasil, quien reconoció a Alec de una visita anterior a la Escuela para Sordos de Boston. Intrigados, el emperador y otros jueces se acercaron a la exhibición de Alec. Cuando uno de ellos escuchó a través del auricular y escuchó claramente la voz de Alec, la emoción se extendió.

Don Pedro II declaró con entusiasmo su éxito, lo que llevó a Alec a recibir la Medalla de Oro en la categoría de equipo eléctrico. Este reconocimiento catapultó el teléfono a la fama, pero Alec sabía que aún quedaba mucho trabajo por hacer para mejorar su funcionalidad en distancias más largas, por lo que volvió a su trabajo, como siempre hacía.

El teléfono despega

Alec y Thomas comenzaron a dar conferencias y demostraciones de su revolucionario invento. A medida que Alec continuaba refinando su teléfono, sus capacidades se expandían. Inicialmente, tenían que estar en la misma sala para demostrarlo, pero pronto pudieron comunicarse desde distancias cada vez mayores: dos millas, ocho millas, veinte millas y, finalmente, treinta y dos millas, marcando lo que se consideraban llamadas de larga distancia en ese momento.

Si bien los periódicos publicaron artículos sobre el teléfono, el interés público no necesariamente se tradujo en ventas. Hubbard propuso vender los derechos del teléfono a Western Union por 100.000 dólares, pero se negaron, alegando que tenían otros inventores trabajando en proyectos similares, como Thomas Edison y Elisha Gray. La participación de Gray preocupó particularmente a Bell, ya que los rumores sugerían que podría haber inventado el teléfono.

Afortunadamente, los pedidos telefónicos comenzaron a llegar a medida que las personas reconocieron su potencial para cambiar sus vidas. El 9 de julio de 1877, Alexander Graham Bell, Thomas Watson, Gardiner Greene Hubbard y George Sanders establecieron la Bell Telephone Company, anticipando ganancias sustanciales de su invento.

Después de su boda, Alec y Mabel viajaron a Inglaterra, donde la reina Victoria quedó impresionada por la demostración del teléfono y rápidamente hizo un pedido. Mientras tanto, los problemas se gestaron en los Estados Unidos cuando Western Union estableció su propia compañía telefónica a pesar de que Alec tenía la patente. Además, la

Bell Company enfrentó desafíos en la instalación de cables telefónicos, optando por postes telefónicos, un esfuerzo costoso que requería más inversores, afortunadamente encontrados en empresarios de Boston como William H. Forbes.

Inventor hasta el final

Incluso después de innumerables batallas judiciales en defensa de su invento, Alexander Graham Bell se enfrentó a más de seiscientas demandas que desafiaban su invención del teléfono. Sin embargo, salió victorioso cada vez, asegurando el legado de la Bell Telephone Company y su propia fortuna. Sin embargo, a medida que el éxito crecía, también lo hacía el cansancio de Alec con el negocio de la telefonía. Sorprendentemente, incluso consideró que el teléfono era una molestia, negándose a tener uno en su estudio.

En 1880, Alec buscó dejar la compañía y pasar a nuevos emprendimientos. Al establecerse en Washington, DC, continuó su búsqueda para ayudar a las personas con discapacidad auditiva, desarrollando el audiómetro para evaluar las habilidades auditivas. Su incesante búsqueda de innovación condujo a inventos como el fotófono, aunque no todos lograron una aceptación generalizada.

En un momento de crisis, el detector de metales de Alec no pudo localizar una bala en el cuerpo del presidente Garfield, lo que demuestra las limitaciones de la tecnología médica temprana. Mientras tanto, una tragedia personal golpeó cuando Alec perdió a su hijo recién nacido, Edward, pero convirtió su dolor en inspiración, inventando una máquina de respiración que sentó las bases para el pulmón de hierro.

En busca de consuelo y espacio para la experimentación, Alec trasladó a su familia a Baddeck, Nueva Escocia, donde construyó Beinn Bhreagh, un centro de exploración científica. Al participar en experimentos con cometas y explorar el vuelo, las contribuciones de Alec se extendieron más allá de las telecomunicaciones. Su trabajo con cometas incluso influyó en el diseño del puente George Washington.

Decidido a promover el conocimiento científico, Alec se unió a la National Geographic Society, convirtiéndose finalmente en su presidente y supervisando su expansión. Su compromiso con la educación se extendió a la comunidad sorda, como se vio en su influyente encuentro con Helen Keller, que allanó el camino para su notable viaje como activista y autora.

A lo largo de su vida, Alec se vio a sí mismo no solo como un inventor, sino también como un maestro, encontrando satisfacción en el impacto de su trabajo en la educación y la comunicación. Su legado perdura a través de sus revolucionarios inventos, sus contribuciones a la National Geographic Society y su influencia duradera en la vida de innumerables personas, incluida la notable Helen Keller.

Fin

Alexander Graham Bell fue inventor, maestro, esposo, padre y amigo. Su orientación a los estudiantes y a los niños por igual reflejaba su creencia en trazar el propio camino, instándolos a aventurarse fuera de los caminos trillados para descubrir nuevos horizontes.

Incluso después de alcanzar la riqueza a través de sus inventos, en particular el teléfono, la curiosidad insaciable de Alec lo mantuvo comprometido con el trabajo, impulsado por la pasión por la exploración. El letrero en su laboratorio, con las palabras "Sigue luchando", personificaba su incesante búsqueda del conocimiento.

A pesar de la avanzada edad y los desafíos de salud, incluida la diabetes, Alec se mantuvo comprometido con sus actividades. El 2 de agosto de 1922, a la edad de setenta y cinco años, Alexander Graham Bell falleció con Mabel, su devota esposa, a su lado. El día de su funeral marcó un momento conmovedor, ya que el servicio telefónico en todo Estados Unidos se detuvo por un minuto, en honor al hombre cuyo innovador invento transformó la comunicación y tocó innumerables vidas.

Capítulo 8: El paisaje literario de Lucy Maud Montgomery

Lucy Maud Montgomery[26]

El mundo literario habría sido muy diferente hoy sin las novelas de Lucy Maud Montgomery, la autora más famosa de Canadá. Lucy era una brillante artífice de las palabras que utilizaba imágenes vívidas que daban vida a sus historias. Podías sentir las emociones de los personajes y ver los hermosos escenarios que describía. No eran solo palabras en papel, sino personas con las que simpatizas y lugares que anhelas visitar. Usó su triste infancia para crear personajes icónicos e historias conmovedoras que la gente lee hasta el día de hoy.

Este capítulo cuenta la historia de Lucy y todas las luchas y el dolor que vivió y que la convirtieron en una de las mejores autoras del mundo.

Biografía

Lucy Maud Montgomery nació el 30 de noviembre de 1874 en Clifton, ahora New London. Provenía de una familia adinerada. Su bisabuelo fue presidente de la Cámara de la Asamblea y su abuelo fue senador. Sin embargo, no tuvo una infancia feliz. Su madre, Clara Woolner Macneill Montgomery, murió a la edad de 23 años cuando Lucy tenía dos años.

Lucy no recordaba la sonrisa de su madre ni su amable caricia. Solo la recordaba inmóvil en el ataúd. La imagen la persiguió durante toda su vida. Escribió sobre la experiencia en su autobiografía, *The Alpine Path: The Story of My Career*.

"No sentí ninguna pena, porque no sabía nada de lo que significaba todo aquello. Solo estaba vagamente preocupada. ¿Por qué mamá estaba tan quieta? ¿Y por qué lloraba mi padre? Me agaché y puse mi mano de bebé contra la mejilla de mi madre. Aun así, puedo sentir la frialdad de ese toque".

El padre de Lucy estaba devastado después de la pérdida de su amada esposa. Estaba demasiado deprimido para cuidar de Lucy, por lo que la envió a vivir con sus abuelos maternos, Alexander y Lucy Woolner Macneil, en Cavendish, en la isla del Príncipe Eduardo. Su padre no pudo quedarse en Clifton y se mudó a Prince Albert, Saskatchewan. Unos años más tarde, se volvió a casar y formó una nueva familia.

Los abuelos de Lucy fueron amables y le dieron todo lo que necesitaba, pero ella no estaba contenta. Se sentía sola porque no había otros niños de su edad con los que jugar, así que decidió crear su propio mundo. Su imaginación era su refugio. Dentro de su cabeza, podía hacer amigos y emprender aventuras.

A la edad de seis años, Lucy comenzó la escuela. Durante este tiempo, descubrió su pasión por la escritura. A la edad de nueve años llevaba un diario en el que anotaba sus pensamientos y sentimientos. Escribir era su terapia y su única vía de escape.

Escribió en su diario:

"No puedo recordar un momento en el que no estuviera escribiendo, o en el que no tuviera la intención de ser autora. Escribir siempre ha sido mi propósito central, en torno al cual se han agrupado todos los esfuerzos, esperanzas y ambiciones de mi vida".

También comenzó a escribir poesía a una edad temprana. Publicó su primer poema, *En el cabo LeForce,* en 1890 en un periódico llamado *The Daily Patriot* a la edad de 16 años. Usaba seudónimos como Maud Cavendish o Joyce Cavendis para ocultar su identidad. Más tarde, usó el nombre de L.M. Montgomery para que la gente no supiera que era una mujer.

En 1890, Lucy visitó a su padre y a su nueva familia. Echaba de menos su hogar y se sentía miserable y quería volver a la isla del Príncipe Eduardo. Su padre no le prestó mucha atención y se sintió como una extraña. Tampoco tenía una buena relación con su madrastra.

Lucy regresó a casa con sus abuelos maternos en 1891. A menudo visitaba a sus otros abuelos y a su familia extendida. Sin embargo, ninguno de ellos fue cariñoso ni trató de ser una figura paterna para ella. Cuanto más crecía, más sola y aislada se volvía. Estos sentimientos la acompañaron durante el resto de su vida y se reflejaron en muchos de sus escritos.

"Nunca antes le había importado estar sola. Ahora lo temía. Cuando estaba sola, ahora se sentía terriblemente sola". La casa de los sueños de Ana.

Lucy asistió al Prince of Wales College para obtener su certificado de profesora. Era un programa de dos años, pero Lucy era una estudiante inteligente y trabajadora. Se graduó después de un año con honores.

Comenzó su carrera docente, pero en menos de un año se tomó un descanso para estudiar literatura inglesa en la Universidad de Dalhousie en Halifax, Nueva Escocia. Sin embargo, Lucy dejó la universidad después de un año porque no tenía suficiente dinero para continuar su educación y obtener un título.

Lucy regresó a la isla del Príncipe Eduardo y a su trabajo como maestra. Su vida giró en torno a su trabajo y su escritura. Publicó varios cuentos y ganó dinero. Comenzó a sentirse más independiente a medida que su situación financiera mejoraba.

Después de que su abuelo falleció, se mudó de nuevo a Cavendish para vivir con su abuela. Durante ese tiempo, tuvo muchos trabajos. Fue correctora de pruebas para el *Daily Echo*, y escribió una columna de sociedad bajo el seudónimo de *Cynthia*; la gente la esperaba con ansias cada semana. También publicó varios cuentos y poemas.

Romance

Lucy era una joven atractiva e inteligente que llamó la atención de muchos jóvenes. Estuvo involucrada en algunas relaciones, lo que inspiró su trabajo. Durante su adolescencia, rechazó una propuesta de matrimonio de un joven llamado Nate Lockhart porque no correspondía a sus sentimientos. Cuando estaba en la universidad, su profesor, John Mustard, estaba enamorado de ella, pero ella lo encontraba aburrido. Su amigo, el hermano de Laura, Will Pritchard, también trató de ganarse su corazón, pero ella solo se preocupaba por él como un amigo. Su amistad continuó hasta que Will falleció en 1897.

A la edad de 23 años, Lucy estaba preocupada de que permaneciera soltera, por lo que aceptó la propuesta de matrimonio de su primo lejano, Edwin Simpson. Sin embargo, poco después de su compromiso, comenzó a despreciar a Edwin y se enamoró de un joven granjero llamado Herman Leard. Terminó su compromiso con Edwin, en contra de los deseos de su familia, y siguió a su corazón.

Lucy tuvo una breve relación con Herman hasta su muerte. Estaba desconsolada y juró no volver a amar nunca más.

Sin embargo, sus sentimientos cambiaron cuando conoció a un ministro llamado Ewan Macdonald. La pareja se comprometió en secreto en 1906 y se casó en 1911 después de la muerte de su abuela. Pasaron

Ministro Ewan Macdonald[27]

su luna de miel en Inglaterra y Escocia.

Después de su luna de miel, se mudaron de la isla del Príncipe Eduardo a Ontario para que Ewan estuviera cerca de su parroquia. Tuvieron dos hijos, Chester y Stuart.

Lucy y Ewan tenían personalidades diferentes, y a él no le interesaba la historia ni la literatura. Sin embargo, Lucy se mantuvo firme en hacer que su matrimonio funcionara y darles a sus hijos la vida familiar que ella nunca tuvo. La pareja finalmente se desenamoró, pero se convirtieron en buenos amigos y vivieron una vida tranquila juntos.

Después de la Primera Guerra Mundial, la vida de Lucy dio un vuelco. Tuvo gripe española y estuvo en cama durante semanas, y casi muere. Su esposo también sufrió una depresión severa.

También descubrió que su editor, L.C. Page, estaba robando regalías de sus libros de Green Gables. Ella lo demandó, y después de un largo y costoso caso, Lucy ganó los derechos de sus novelas.

La vida de Lucy no fue fácil. Ser esposa y madre de un ministro era exigente. No siempre tenía tiempo para escribir. La depresión de Ewan también empeoró, y se admitió en un sanatorio y renunció a su parroquia.

Después de ser liberado, le recetaron múltiples medicamentos. Una vez, la farmacia cometió un error y puso veneno en su medicamento antidepresivo, y casi muere. Ewan era inestable y creía que Lucy trató de matarlo. Ese incidente inició el comportamiento abusivo de Ewan que soportó durante años. Lucy también sufría de depresión, y las acciones de su esposo afectaron su salud mental.

Lucy amaba mucho a sus hijos. Aunque escribir era su pasión, creía que la maternidad era el trabajo más importante del mundo. Su deber maternal y su tristeza por la pérdida de su madre solían reflejarse en su obra.

Legado literario

Lucy utilizó su dolor y sus luchas para crear obras maestras que dejaron una huella única en la literatura canadiense. Aunque había estado muerta durante décadas, seguirá siendo inmortal a través de su trabajo.

Ana de las Tejas Verdes

No se puede hablar de Lucy Maud Montgomery sin mencionar su primera y más popular novela, *Ana de las Tejas Verdes*. Cuenta la historia de Anne Shirley, una huérfana inteligente, madura y apasionada de 11 años que se va a vivir con sus hermanos mayores Marilla y Matthew Cuthbert. Sin embargo, querían que un niño trabajara en su granja, Green Gable. El libro sigue las aventuras de Anne hasta la adolescencia y cómo se gana el corazón de sus nuevos padres. La historia está ambientada en la isla del Príncipe Eduardo.

Lucy encontró inspiración para su novela en clásicos infantiles como Alicia en el País de las Maravillas y Mujercitas. También leyó una historia en el periódico sobre una pareja que acordó adoptar a un niño, pero el orfanato les envió una niña por error.

Lucy terminó su historia en 1905 y la envió a muchos editores, pero todos la rechazaron. Se desanimó y se dio por vencida hasta 1907, el mismo año en que conoció a L.C. Page.

Ana de las Tejas Verdes se publicó en 1908 y fue muy bien recibida por lectores y críticos. Vendió más de 19.000 ejemplares en cinco meses y se imprimió diez veces en un año. También obtuvo una gran aclamación en el mundo literario. La poetisa canadiense Bliss Carman describió a Anne como "uno de esos personajes de carne y hueso que apreciamos en los lugares tranquilos de nuestros corazones; reservado para los mortales más queridos que conocemos". El escritor estadounidense Mark Twain también dijo que Ana era "la niña más querida, conmovedora y encantadora desde la inmortal Alicia". Después de la Primera Guerra Mundial, Lucy se convirtió en una de las autoras más famosas del mundo.

Muchos críticos y lectores creen que Lucy es similar a Ana, ya que ambas son huérfanas, ambas inteligentes y enérgicas, y ambas son enviadas a vivir con una nueva familia. Aunque Lucy entendía por qué la gente establecía esta conexión, creía que se parecía más a Emily de *Emily de la luna nueva* que a Anne.

"La gente nunca tuvo razón al decir que yo era Anne, pero, en algunos aspectos, tendrán razón si me escriben como Emily". Un extracto de una carta que envió al escritor Ephraim Weber en 1921.

Después del gran éxito que recibió *Ana de las Tejas Verdes* y la popularidad de su heroína, Lucy convirtió su historia en una serie de libros que seguían el viaje de Ana a la edad adulta hasta que se casó y tuvo un hijo. El segundo libro, *Anne de Avonlea* (1909), mostró una versión madura, suave y más segura de Ana, que se convirtió en maestra, pero luchó con su nuevo trabajo. Sus jóvenes lectores apreciaron el desarrollo del personaje de Ana, ya que también crecieron y querían experimentar la edad adulta con su personaje favorito.

El tercer libro, *Ana de la isla* (1915), llevó a Anne a la universidad, donde comenzó su historia de amor con su futuro esposo, Gilbert Blythe. El cuarto libro, *Ana de los álamos ventosos* (1936), consistía principalmente en las cartas de Ana a Gilberto.

El quinto libro, *La casa de los sueños de Ana* (1917), se centró en Ana y Gilbert como pareja casada, su nueva vida juntos y las nuevas amistades que formaron. Ana también se convirtió en madre, lo cual fue un papel desafiante pero gratificante.

El sexto libro, *Ana de Ingleside* (1939), mostraba a Anne embarazada de cinco hijos. El séptimo libro, *El valle del arcoíris* (1919), se centró en los hijos de Ana. El último libro, *Rilla of Ingleside* (1921), cuenta la historia de la hija menor de Ana, Rilla.

Los libros no se publicaron en orden cronológico. El cuarto libro fue el séptimo publicado, mientras que el sexto libro se publicó en octavo y fue el último trabajo publicado de Lucy durante su vida.

Trilogía de 'Emily de la luna nueva'

La trilogía de *Emily de la luna nueva* fue otro éxito de ventas. El otro personaje principal muy querido de Lucy era similar a Ana. Emily también era huérfana y se fue a vivir con hermanos solteros. Las novelas siguieron su viaje mientras se embarcaba en su nueva vida hasta que alcanzó la mayoría de edad.

Emily era el personaje con el que Lucy más se identificaba, ya que también era independiente, sabia, ávida lectora y escritora.

La trilogía de 'Emily de la luna nueva' [28]

Otras publicaciones

Además de sus dos populares series de libros, Lucy escribió seis novelas exitosas: *The Blue Castle* (1926), *Magic for Marigold* (1929), *A Tangled Web* (1931), *Pat of Silver Bush* (1933), *Mistress Pat* (1935) y *Jane of Lantern Hill* (1937).

A lo largo de su vida, escribió 20 novelas, una autobiografía, 500 poemas, 30 ensayos y 530 cuentos. Aunque la mayoría de la gente solo la conoce como la mujer detrás de Ana Shirley, el trabajo recopilado de Lucy la muestra como un genio literario que era capaz de crear personajes y mundos complejos.

Temas comunes

La maternidad era el tema más común en las novelas de Lucy. A menudo retrataba a sus personajes como huérfanos o separados de sus padres y tenían que vivir con parientes poco afectuosos, reflejando su propia vida. El tema estuvo presente desde su primera novela, *Ana de las Tejas Verdes*, hasta la última, *Jane de Lantern Hill*, que mostraba cómo le afectó perder a su madre y crecer sin sus padres.

La naturaleza era otro tema común en las novelas de Lucy. Crecer en la isla del Príncipe Eduardo, un lugar famoso por sus paisajes naturales, influyó en la escritura de Lucy. Sus vívidas descripciones de la naturaleza mostraban que había pasado mucho tiempo al aire libre observando los árboles, las montañas, los océanos, etcétera. Diecinueve de sus veinte novelas estaban ambientadas en la isla del Príncipe Eduardo, y su narrativa se centraba en la belleza de su paisaje.

La parte favorita de Lucy de su infancia fue vivir en una casa rodeada de árboles. Habló de ello en su autobiografía.

> *"Estoy agradecida de que mi infancia la pasé en un lugar donde había muchos árboles, árboles de personalidad, plantados y cuidados por manos muertas hace mucho tiempo, atadas con todo lo de alegría o tristeza que visitaba nuestras vidas. Cuando 'he vivido' con un árbol durante muchos años, me parece un compañero humano muy querido".*

A medida que Lucy crecía, sus temas cambiaban, reflejando los cambios en su personalidad. Su tono se volvió más oscuro después de la Primera Guerra Mundial y los horribles eventos que presenció. La doctora Elizabeth Epperly, académica de Montgomery, dijo: *"No creo que [la guerra] haya cambiado su perspectiva sobre la naturaleza, pero creo que cambió su perspectiva sobre la naturaleza humana".*

Lucy sufría de una depresión severa. Trató de separar su trabajo de su vida personal, pero su salud mental le pasó factura y afectó a su escritura. Incluso los temas de las novelas de Anne cambiaron y se volvieron más oscuros con el tiempo. Lucy creció con sus personajes, y dejaron de ser inocentes con personalidades alegres después de que el autor viera lo peor de la humanidad durante las dos guerras mundiales.

El impacto de Lucy en la identidad canadiense y el mundo literario

Lucy es la autora más famosa y prominente de Canadá. Se centró en el paisaje de la isla del Príncipe Eduardo y en la cultura canadiense como si fueran personajes de sus novelas. La mayoría de las personas que leyeron *Ana de las Tejas Verdes* en ese momento no sabían que la isla del Príncipe Eduardo era un lugar real. Pensaron que era imaginario, como el País de las Maravillas, gracias a la encantadora narrativa y representación de Lucy de la isla, que capturó su tranquilidad y belleza.

> *"Nunca sabes lo que es la paz hasta que caminas por las costas o por los campos o a lo largo de los sinuosos caminos rojos de la isla del Príncipe Eduardo en un crepúsculo de verano cuando el rocío está cayendo, y las viejas estrellas se asoman, y el mar mantiene su poderoso encuentro con la pequeña tierra que ama".*

Los libros de Lucy pusieron a la isla del Príncipe Eduardo en el mapa e influyeron en la industria del turismo. Ahora, atrae a unos 1,6 millones de turistas cada año que quieren seguir los pasos de su autor y personaje favorito. La casa de las Tejas Verdes, que inspiró la novela de Lucy, también se ha convertido en un monumento famoso.

Las obras literarias de Lucy sobrevivirán a la prueba del tiempo. Su nombre está asociado a grandes autores como Charles Dickens y Jane Austen. Sus personajes encantadores y adorables resuenan con lectores de todas las edades en todo el mundo. Sus novelas siguen siendo populares y atraen la atención de estudiosos y críticos. En 2014, Ana Shirley fue etiquetada como "el personaje de ficción más icónico de Canadá".

Ana de las Tejas Verdes fue declarada "la exportación literaria más duradera de Canadá". La BBC realizó una encuesta en 2003 en la que clasificaba las mejores novelas. *Ana de las Tejas Verdes* aterrizó en el número 40 por delante de *Cuento de Navidad* de Charles Dickens y El gran Gatsby *de F. Scott Fitzgerald*.

El cuento de la criada, de la autora canadiense Margaret Atwood, describió a Ana como una heroína feminista.

Sus novelas han sido adaptadas al cine, programas de televisión y obras de teatro, lo que ayudó a presentar su trabajo a las nuevas generaciones.

Recepción global

La fama de Lucy no tenía precedentes para una autora canadiense. En 1927, el primer ministro británico Stanley Baldwin le envió una carta de admiración expresando su admiración por su trabajo. También conoció al príncipe Eduardo VIII de Gales antes de que se convirtiera en rey. En 1925, *Ana de las Tejas Verdes* fue traducida al francés, finlandés, noruego, polaco, holandés y sueco. Fue el cuarto libro más popular en Polonia y se publicó en siete ediciones. También se ha convertido en parte del plan de estudios de las escuelas japonesas desde 1952.

Muchas organizaciones e instituciones en todo el mundo llevan el nombre de *Tejas Verdes* y Anne Shirley, como las casas de playa de *Tejas Verdes* en varios países y la escuela de enfermería *Tejas Verdes* en Japón.

Lucy murió en Toronto en 1942 y fue enterrada en su lugar favorito, la isla del Príncipe Eduardo.

Datos sobre la escena literaria de la época eduardiana

- La era eduardiana fue un período del siglo XX entre 1901 y 1914 y lleva el nombre del rey Eduardo VII.

- Dado que fue una época corta, los escritores eduardianos y victorianos como Joseph Conrad y Arthur Conan Doyle se superponen y se asocian con ambos períodos.

- E.M. Forster y George Bernard Shaw son considerados las voces de la época eduardiana.

- Los autores y poetas de esta época pasaron de la narración tradicional a la narración experimental, que utilizaba el flujo de conciencia de un personaje para capturar su proceso de pensamiento.

- Las obras literarias más famosas de la era eduardiana incluyen *Una habitación con vistas* (1908) de E.M. Forster, *Pigmalión (1912) de George Bernard Shaw y El hombre que fue jueves (1908)* de G.K. Chesterton.

- Las principales características de la era eduardiana incluyen el cuestionamiento de la sociedad, la introducción de novelas populares, ligeras y de ritmo rápido, la crítica al imperialismo y la discusión de temas políticos y sociales como el colonialismo, el sistema de clases y el sufragio femenino.

Lucy tuvo una vida dura, pero trató de ocultarla a la sociedad y al mundo. Sin embargo, su dolor a menudo se reflejaba en las luchas y los temas oscuros de sus personajes, especialmente en sus últimas novelas. Algunos eruditos de hoy en día creen que si uno examina los temas de Lucy, encontrará que siempre han sido oscuros pero ocultos detrás de algunos de sus encantadores personajes y hermosas imágenes.

Lucy debe ser recordada como la autora de *Ana de las Tejas Verdes* y también como un ícono literario que creó diferentes personajes que tocan el corazón de las personas y temas universales que seguirán siendo relevantes durante siglos.

Capítulo 9: Wilfrid Laurier y los albores del siglo XX

En la historia de cualquier país, ciertas figuras emergen no solo como líderes, sino como artífices de la identidad nacional. Entre estas luminarias se encuentra Wilfrid Laurier, un estadista cuyo legado va más allá de lo político. Como séptimo primer ministro de Canadá, el mandato de Laurier de 1896 a 1911 fue testigo de la transformación de la nación de un dominio incipiente a un actor seguro en el escenario mundial. Su profunda influencia en la política, la cultura y la identidad canadienses sigue teniendo un gran impacto hoy en día. Este capítulo contará la historia de Wilfred Laurier y por qué sigue siendo una figura imponente en la historia de Canadá.

Ministro Wilfrid Laurier[29]

Primeros años

Wilfrid Laurier provenía de una larga línea de canadienses que hablaban francés y seguían la fe católica romana. La historia de su familia se remonta a los primeros días de Nueva Francia, donde antepasados como Augustin Hébert y François Cottineau-Champlaurier desempeñaron un papel importante en la construcción y defensa de la colonia.

En 1815, nació el padre de Wilfrid, Carolus. Abandonó el nombre de Cottineau y fue bautizado simplemente como Laurier. Carolus se casó con Marcelle Martineau y construyeron una casa en el pueblo de Saint-Lin. Marcelle, una lectora devota, probablemente llamó a su hijo Wilfrid en honor a un personaje de una novela que admiraba. Desafortunadamente, Marcelle falleció de tuberculosis cuando Wilfrid tenía solo siete años.

Después de la muerte de Marcelle, Carolus luchó por cuidar de Wilfrid y su hermana enferma, Malvina. Finalmente le propuso matrimonio a Adeline Ethier, quien había ayudado a cuidar a Marcelle en sus últimos días. Adeline se convirtió en una madrastra amorosa para Wilfrid y Malvina, y la apreciaron profundamente.

Wilfrid admiraba a su padre, Carolus, que era muy querido en su comunidad y se desempeñó como alcalde de Saint-Lin durante varios años. Carolus era inteligente y franco, a menudo desafiando la participación de la Iglesia en la política. Tenía una habilidad especial para los debates amistosos, un rasgo que Wilfrid heredó.

Al ver a su padre resolver disputas como agrimensor, Wilfrid aprendió el valor del compromiso y de ver los problemas desde múltiples perspectivas. Estas experiencias moldearon las creencias y el enfoque de Wilfrid para la resolución de problemas a lo largo de su vida.

Carolus creía firmemente en la educación, sabiendo que era clave para el éxito de Wilfrid en la vida. Al ver que no había escuelas para niños en Saint-Lin, Carolus y Marcelle enseñaron a Wilfrid en casa hasta que cumplió diez años. Entonces, Carolus decidió que era hora de que Wilfrid aprendiera algo más que lo básico, pero no quería que Wilfrid aprendiera en francés o se quedara en su pueblo. En aquel entonces, todos los negocios importantes estaban dirigidos por angloparlantes, por lo que Carolus quería que Wilfrid fuera bilingüe.

Enviaron a Wilfrid a New Glasgow, un pueblo a doce kilómetros de distancia, donde la mayoría de la gente hablaba inglés. Allí, asistió a la escuela Fort Rose, que estaba abierta a todos, independientemente de la religión. La única maestra, Sandy Maclean, enseñaba todas las materias. Wilfrid se quedó con los Kirkes, una familia católica irlandesa, y trabajó en la sastrería de John Murray, un protestante escocés. Fue difícil para Wilfrid estar lejos de casa a una edad tan temprana, pero se las arregló para mantenerse positivo, sabiendo que era lo que su padre quería.

En New Glasgow, Wilfrid aprendió inglés rápidamente con la ayuda de Sandy Maclean y John Murray. Se enamoró de la literatura inglesa y de la belleza del idioma. Aunque era católico, asistía a clases de religión protestante y escuchaba con entusiasmo cuando John Murray leía la Biblia en voz alta. Este amor por el inglés acompañó a Wilfrid a lo largo de su vida.

Collège de L'Assomption

En septiembre de 1854, a los trece años, Wilfrid Laurier comenzó su viaje hacia la adolescencia inscribiéndose en el Collège de L'Assomption, una escuela católica romana ubicada en el pueblo de L'Assomption. Era muy diferente de sus experiencias escolares anteriores. Sin embargo, Wilfrid se enfrentó a un desafío físico, una condición que lo dejó incapaz de participar en actividades físicamente exigentes sin desencadenar violentos ataques de tos. Este desafío alcanzó un nuevo nivel de seriedad cuando experimentó un episodio aterrador durante un paseo con un amigo, lo que resultó en toser sangre.

Académicamente, Wilfrid sobresalió, particularmente en idiomas y debate. Desarrolló un profundo amor por las palabras en francés, inglés y latín, pasando horas inmerso en la literatura. Su pasión por el debate floreció en L'Assomption, donde perfeccionó sus habilidades en argumentación y oratoria. Inspirado por los abogados locales, especialmente por Joseph Papineau, Wilfrid quedó fascinado por el derecho y la política, fijando su mirada en una carrera en derecho. A pesar de los enfrentamientos ocasionales con las autoridades escolares por su tardanza debido a las visitas a los tribunales, Wilfrid no se dejó intimidar en su búsqueda del conocimiento y su sueño de convertirse en abogado.

En la primavera de 1861, poco antes de cumplir veinte años, Wilfrid Laurier se graduó en L'Assomption, listo para embarcarse en la siguiente fase de su viaje hacia la edad adulta. A pesar de las dudas persistentes sobre su salud, sentía una creciente confianza en sus habilidades, listo para dejar su huella en el mundo.

Educación jurídica

En 1861, Wilfrid Laurier comenzó su viaje de educación legal en la Universidad McGill en Montreal, impulsado por la determinación de tener éxito tanto en el derecho francés como en el inglés. Equilibrando sus estudios con la experiencia práctica, Laurier trabajó en el bufete de abogados de Rodolphe Laflamme mientras asistía a conferencias en McGill. Las tardes las dedicaba al estudio, al trabajo legal y a satisfacer su amor por la literatura, especialmente las obras de Shakespeare, Burns y Milton. Su pasión por el debate floreció y se convirtió en uno de los debatientes más respetados de la universidad.

La participación de Laurier en la política creció durante su tiempo en McGill, influenciado por las conexiones de Laflamme con el Rouge (o Partido Liberal). Compartía la creencia de los Rouge en el progreso a través del cambio y defendía la libertad de pensamiento y expresión. A pesar de la oposición de la Iglesia católica romana, que tenía una influencia política significativa, Laurier se mantuvo comprometido con sus convicciones políticas.

En su graduación de McGill en mayo de 1864, Laurier pronunció un discurso que reflejó sus profundas creencias en la justicia, el patriotismo y la unidad entre la diversa población de Canadá. Enfatizó la importancia de aceptar las diferencias y trabajar por una sociedad armoniosa. Fue durante este discurso que Laurier hizo una promesa personal de dedicar su vida a fomentar la reconciliación y la armonía entre las diversas comunidades de Canadá.

Primeros años de carrera

La prioridad inmediata de Wilfrid Laurier después de graduarse fue establecerse como abogado y asegurarse la vida. Sin embargo, los primeros años de su carrera estuvieron plagados de desafíos. Dos asociaciones en los primeros dos años después de la graduación resultaron infructuosas, dejando a Laurier con exceso de trabajo, físicamente debilitado y luchando con su salud. En octubre de 1866, sufrió un grave revés de salud, colapsando en su oficina después de toser sangre.

Durante este momento difícil, Antoine-Aimé Dorion, líder del partido Rouge, se acercó a Laurier con una propuesta. Dorion sugirió que Laurier se hiciera cargo de Le Défricheur, un pequeño periódico de

L'Avenir, al mismo tiempo que ejercía la abogacía en el campo. Laurier, viendo la oportunidad de un ritmo de vida más lento y con la esperanza de una mejora en su salud, aceptó la oferta y se trasladó a L'Avenir en noviembre de 1866.

Antoine-Aimé Dorion[80]

Sin embargo, las esperanzas de Laurier se vieron truncadas cuando luchó por despertar el interés tanto en sus servicios legales como en el periódico. Su salud no mejoró, y después de un mes, se mudó a Victoriaville, sin darse cuenta de que estaba cayendo en una trampa tendida por el monseñor ultramontano Laflèche. En Victoriaville, Laurier enfrentó ataques implacables de los sacerdotes locales que lo denunciaron como una amenaza para la Iglesia y sus enseñanzas.

A pesar de sus esfuerzos por defenderse a sí mismo y a las creencias de los Rouge en Le Défricheur, el periódico sufrió una disminución en las ventas y Laurier se endeudó. Su práctica legal también se tambaleó, exacerbando sus problemas financieros y de salud. Enfrentado a una presión cada vez mayor e incapaz de hacer frente a la oposición, Laurier se declaró en bancarrota y dejó de publicar Le Défricheur, marcando el final de su primer gran enfrentamiento con la Iglesia.

La derrota de Laurier le enseñó una valiosa lección: necesitaba priorizar la estabilización de su situación financiera antes de participar en campañas políticas. Decidido a triunfar como abogado, buscó Arthabaska, una pintoresca ciudad con una próspera escena legal. En septiembre de 1867, se trasladó a Arthabaska, donde estableció su quinto bufete de abogados, con la esperanza de un nuevo comienzo y un camino hacia el éxito.

Amor y relación

La vida de Wilfrid Laurier dio un giro significativo durante su estancia en Montreal. Mientras alquilaba una habitación al Dr. Séraphin Gauthier y a su esposa Phoebé, conoció a Zoë, la hija de otro huésped. Zoë, una talentosa pianista, capturó el corazón de Laurier con sus ojos color avellana y su habilidad musical. Su relación floreció y se enamoraron profundamente, disfrutando de la compañía del otro y compartiendo momentos de felicidad.

Sin embargo, a medida que su amor crecía, Zoë expresó su deseo de matrimonio, anhelando un compromiso más profundo de Laurier. Ella le suplicó que considerara su futuro juntos a pesar de sus preocupaciones sobre su salud, su estabilidad financiera y sus inciertas perspectivas profesionales como abogado. Consumido por sus preocupaciones y ambiciones, Laurier seguía dudando en comprometerse con el matrimonio, temiendo no poder proporcionar una vida estable a Zoë.

A pesar de su amor mutuo, la terquedad y el miedo al fracaso de Laurier enfriaron su relación. Cuando Pierre Valois, un estudiante de medicina, expresó sus intenciones de casarse con Zoë, ella finalmente aceptó, sintiendo que el silencio de Laurier sobre el asunto indicaba una falta de compromiso.

Sin embargo, el destino intervino cuando el Dr. Gauthier convocó a Laurier a Montreal con urgencia. El examen del Dr. Gauthier reveló que Laurier no tenía tuberculosis como temía, sino más bien bronquitis crónica, una afección manejable con tratamiento. Además, el Dr. Gauthier reveló los verdaderos sentimientos de Zoë, explicando que estaba perdidamente enamorada de Laurier y profundamente angustiada por su inminente matrimonio con Valois.

Con renovada esperanza y claridad, Laurier se dio cuenta de que no podía dejar que Zoë se escapara. A pesar de las incertidumbres, decidió arriesgarse con el amor. Corriendo al lado de Zoë, le declaró su amor y le propuso matrimonio. Abrumada por la emoción, Zoë aceptó y decidieron casarse ese mismo día.

Logros políticos

La victoria conservadora marcó un revés temporal para Laurier. A pesar de perder su puesto en el gabinete, logró conservar su escaño en Quebec Este, que fue crucial para su carrera legal. Durante los siguientes cuatro años, su creciente perfil público atrajo clientes a su bufete de abogados, lo que resultó en una próspera práctica con su socio, Joseph Lavergne.

A medida que Laurier se asentaba en su papel junto al líder liberal Edward Blake en el Parlamento, la tranquilidad de su carrera política se vio interrumpida por las noticias de una rebelión en los Territorios del Noroeste liderada por Louis Riel, una figura con un pasado controvertido. La historia de Riel como líder métis y su participación en levantamientos anteriores habían dejado una profunda división en la sociedad canadiense.

La rebelión encendió tensiones entre canadienses ingleses y franceses, ya que las opiniones sobre las acciones de Riel variaron ampliamente en todo el país. Mientras que muchos en Quebec lo veían como un defensor de los católicos francófonos, otros lo veían como un criminal y una amenaza para la estabilidad. La eventual captura de Riel y su posterior juicio provocaron indignación en Quebec, lo que provocó protestas masivas y el surgimiento del Partido Nacional, una entidad política que defiende los derechos de los católicos francófonos.

Cuando el Parlamento volvió a reunirse tres meses más tarde, Laurier tuvo tiempo suficiente para reflexionar sobre los acontecimientos recientes. Comprendió con agudeza la gravedad del levantamiento de los métis y de la ejecución de Louis Riel. La división de larga data entre canadienses ingleses y franceses no sólo había resurgido, sino que ahora representaba una amenaza para la unidad nacional. Fue un momento crítico para que Laurier mantuviera su compromiso de larga data de fomentar la armonía entre francófonos y anglófonos.

Cuando Laurier asumió el liderazgo del Partido Liberal en 1887, se enfrentó a una nación que lidiaba con divisiones internas. Las tensiones francofonopa-anglófonas iban en aumento, exacerbadas por las consecuencias de la ejecución de Louis Riel. El surgimiento del Partido Nacional en Quebec reflejó la ira de muchos francófonos hacia el favoritismo percibido del gobierno federal hacia los protestantes anglófonos.

Por otro lado, los canadienses anglófonos, en su mayoría de ascendencia inglesa, mantenían fuertes lazos con Gran Bretaña, considerando su lealtad al imperio como primordial. Imperialistas como D'Alton McCarthy, un diputado conservador, abogaron por una identidad británica singular, a menudo a expensas de los grupos minoritarios, en particular los católicos romanos francófonos.

Laurier, basándose en su visión del nacionalismo canadiense, buscó un camino de tolerancia e inclusión. Creía que la verdadera unidad sólo podía lograrse respetando y preservando las identidades culturales de todos los canadienses. Reconociendo la importancia de la autonomía provincial, Laurier abogó por el derecho de cada provincia a gobernar sus asuntos sin interferencia federal, salvaguardando así los derechos de las minorías.

Sin embargo, esta visión enfrentó desafíos significativos, particularmente durante la crisis de las escuelas de Manitoba. La decisión del gobierno de Manitoba de abolir el francés como idioma oficial y restringir la educación católica provocó indignación entre los católicos romanos. La renuncia del gobierno federal a intervenir puso de manifiesto el delicado equilibrio entre la autonomía provincial y los derechos de las minorías.

Primer primer ministro francófono

Las siguientes elecciones generales de junio de 1896 dieron una victoria rotunda a Laurier y a los liberales. A pesar de la oposición de la Iglesia católica romana, la promesa de Laurier de un enfoque justo e inclusivo resonó entre los votantes de Quebec. Con una fuerte mayoría en la Cámara de los Comunes, Laurier se convirtió en el primer primer ministro católico francófono de Canadá, anunciando una nueva era de liderazgo guiado por los principios de tolerancia, unidad y respeto por la diversidad.

La apertura del Parlamento en agosto de 1896 marcó un momento significativo para Laurier y los liberales, que celebraron su regreso al poder después de dieciocho años en la oposición. Con un talentoso gabinete compuesto por personas como Mowat, Fielding y Blair, Laurier se propuso abordar los problemas urgentes, en particular la crisis de las escuelas de Manitoba.

A pesar de la reacción violenta de algunos sectores, Laurier se mantuvo firme en su creencia de que el compromiso era esencial para mantener la unidad nacional y proteger los derechos de las minorías. Cuando el clero de Quebec persistió en su oposición, Laurier buscó la intervención del papa León XIII, quien emitió una directiva instando a la aceptación del compromiso.

El éxito diplomático de Laurier se extendió más allá de las fronteras de Canadá, como lo demuestra su recepción durante las celebraciones del Jubileo de Diamante en Londres. Nombrado caballero por la reina Victoria y celebrado como una figura prominente en el imperio, Laurier aprovechó la oportunidad para fortalecer los lazos con Gran Bretaña al tiempo que enfatizaba el creciente sentido de identidad nacional de Canadá.

Sin embargo, el enfoque de Laurier sobre las relaciones imperiales era matizado. Si bien expresó admiración por Gran Bretaña y enfatizó la herencia británica de Canadá, también afirmó el estatus de Canadá como nación y resistió los intentos británicos de ejercer control sobre los asuntos coloniales. Su negativa a comprometer tropas canadienses en las guerras británicas y su enfoque cauteloso hacia el consejo imperial propuesto en la Conferencia Colonial reflejaron su compromiso con la preservación de la autonomía canadiense.

A raíz de la conferencia, Laurier recibió un nuevo reconocimiento en Francia, donde fue honrado con la Legión de Honor. Su regreso triunfal a Canadá estuvo marcado por la aclamación generalizada, señalando el surgimiento de Canadá como un jugador respetado en el escenario mundial.

Permanencia como primer ministro

El mandato de Laurier como primer ministro estuvo marcado tanto por triunfos como por desafíos. Su enfoque de la cuestión de las escuelas de Manitoba demostró su voluntad de comprometerse en aras de la unidad nacional, lo que le valió el elogio de muchos canadienses. Sin embargo, su postura sobre la participación de Canadá en la Guerra de los Bóers creó controversia y división dentro del país.

Cuando surgieron tensiones en Sudáfrica, Laurier se enfrentó a la difícil tarea de equilibrar el sentimiento canadiense con las expectativas de Gran Bretaña. Mientras que muchos canadienses apoyaban la idea de ayudar a la madre patria, otros, particularmente en Quebec, se oponían vehementemente a la participación. La decisión de Laurier de permitir que los voluntarios se unieran a las fuerzas británicas mientras se evitaba el despliegue oficial de tropas canadienses fue un compromiso destinado a apaciguar a ambas partes.

A pesar de las críticas, Laurier mantuvo su compromiso con la unidad nacional y llevó a cabo políticas destinadas a fomentar el crecimiento económico y el desarrollo, como el fomento de la inmigración a Occidente y la promoción de la expansión ferroviaria. Sin embargo, su decisión de involucrar al gobierno en la construcción del ferrocarril resultó controvertida y, en última instancia, condujo a la proliferación de líneas ferroviarias competidoras, lo que puso de relieve los desafíos de equilibrar el desarrollo económico con una gobernanza responsable.

A lo largo de su mandato, Laurier se mantuvo optimista sobre el futuro de Canadá y firme en su creencia en el potencial del país en el escenario mundial. Sin embargo, desafíos como la disputa fronteriza no resuelta con los Estados Unidos sirvieron como recordatorios de las complejidades de la nacionalidad canadiense y la necesidad de un liderazgo prudente en la navegación de los asuntos nacionales e internacionales.

Comenzaron a aparecer grietas dentro del gobierno, señalando el inicio de la decadencia que a menudo acompaña al dominio político prolongado. Las acusaciones de corrupción se arremolinaron en torno a algunos de los ministros del gabinete de Laurier, en particular a Clifford Sifton, el ministro del Interior, quien fue acusado de explotar su posición para beneficio personal. Otros dos ministros se vieron obligados a dimitir, uno por prácticas electorales corruptas y el otro por abuso de alcohol, lo que empañó aún más el gabinete de Laurier.

Sin embargo, la amenaza más significativa para el liderazgo de Laurier provino de Henri Bourassa, un antiguo aliado convertido en adversario. A pesar de reconocer el talento de Bourassa y confiarle inicialmente

Henri Bourassa[31]

responsabilidades parlamentarias, surgieron diferencias irreconciliables entre ellos. Bourassa, católico acérrimo y ultramontano, se opuso vehementemente a las políticas de Laurier, particularmente en lo que respecta al papel de la religión en la política y la relación de Canadá con Gran Bretaña.

La influencia de Bourassa creció, especialmente entre los jóvenes francófonos que se unieron a su visión de "la sobrevivencia" y el nacionalismo, que finalmente fomentó los sentimientos separatistas en Quebec. La creación de Saskatchewan y Alberta como provincias alimentó aún más las tensiones entre Laurier y Bourassa, particularmente en lo que respecta a la polémica cuestión de los sistemas escolares separados.

Una sola palabra destrozó los sueños de jubilación de Laurier: dreadnought. En 1909, cuando Alemania comenzó a construir superacorazados denominados dreadnoughts, Gran Bretaña vio esto como un desafío directo a su dominio naval. La petición de más acorazados británicos reavivó el debate en Canadá sobre su papel en el apoyo militar a la madre patria. Mientras que Quebec y las áreas rurales se opusieron a la participación, la mayoría de los canadienses estaban a favor de ayudar a Gran Bretaña. Reflejando este sentimiento, la oposición conservadora exigió que Canadá asumiera la responsabilidad de proteger su costa y contribuyera con dinero para la construcción de acorazados si el peligro para Gran Bretaña aumentaba.

Pérdidas y derrotas

A medida que se intensificaba el debate sobre la reciprocidad, Laurier fue atacado por todos lados, etiquetado como traidor tanto en Quebec como en Ontario. A pesar de sus esfuerzos por hacer una campaña vigorosa, Laurier se enfrentó a la hostilidad, incluso a la violencia, en su propia provincia. Los resultados de las elecciones, con pérdidas significativas en Ontario y Quebec, sellaron el destino político de Laurier. Dos semanas después de la devastadora derrota, dimitió como primer ministro, y su otrora brillante carrera política se vio ahora eclipsada por el primer sabor de la derrota.

A pesar de su amarga derrota, Laurier se recuperó asombrosamente rápido. Prosperó con la competencia y, aunque le causaba dolor, también le servía como remedio. *"Soy joven en todo menos en la aritmética de los años",* bromeó pronto a una audiencia. *"No me siento maduro para el cielo y, en cualquier caso, quiero otra pelea con los conservadores".* Ansioso por volver a la refriega política, se encontró en la Cámara de los Comunes cinco días antes de su septuagésimo cumpleaños para la apertura de la nueva sesión del Parlamento en noviembre de 1911. Después de quince años, volvió a ser el líder de la oposición.

La conclusión de la amarga campaña, pocos días antes de Navidad, ensombreció la temporada navideña para los Laurier. A pesar del revés electoral, se reunieron con familiares y amigos, encontrando consuelo en la compañía del otro. Laurier sólo se permitió un breve respiro antes de reanudar sus actividades políticas. Reconociendo el aislamiento al que se enfrentaban tanto él como Quebec, decidió continuar la lucha, comprendiendo que abandonar su provincia, su país y su partido no era una opción. Su deber seguía siendo claro: mantener Quebec dentro de Canadá a pesar de las profundas divisiones causadas por el servicio militar obligatorio.

Sin embargo, la salud de Laurier comenzó a flaquear, culminando en un derrame cerebral que finalmente cobraría su vida. El 22 de febrero de 1919, miles de personas se reunieron para despedirse del estimado estadista mientras su cortejo fúnebre recorría las calles de Ottawa. Su fallecimiento marcó el final de una era, dejando tras de sí un legado de liderazgo, integridad y dedicación inquebrantable a Canadá.

Zoë sobrevivió a Laurier por un corto tiempo antes de unirse a él en el descanso eterno, cumpliendo su deseo de ser enterrada junto a su amado esposo. Juntos, yacen en el cementerio de Notre Dame, su tumba compartida con la sencilla pero profunda inscripción: Laurier. De hecho, ese nombre es suficiente para capturar el legado de uno de los más grandes estadistas de Canadá.

Capítulo 10: Wayne Gretzky y la evolución del hockey en Canadá

Wayne Gretzky revolucionó el hockey[32]

Wayne Gretzky es lo que obtienes cuando agregas una habilidad natural a una ética de trabajo ridícula. Muchos atletas han sido los mejores en su época, pero una avalancha de récords de Gretzky todavía mantiene a esta leyenda como la mejor de todos los tiempos. Wayne Gretzky revolucionó el hockey, llegando a nuevas audiencias y haciendo crecer el deporte más allá de las comunidades de nicho. Su comportamiento fuera del hielo lo distingue como un modelo a seguir para los próximos atletas.

El dominio de Gretzkey aún no se ha replicado. Perfeccionó todas las partes de su juego y parecía no tener defectos. La longevidad de Gretzkey, desempeñándose a niveles que nadie podía igualar, mostró su dedicación al juego. Sin embargo, su impacto no se limitó al deporte. Los esfuerzos filantrópicos de Gretzky han ayudado a elevar a los jugadores jóvenes, y su trabajo de caridad ha servido a los desafortunados de muchos orígenes.

Gretzky pasó de ser un jugador electrizante a trabajar entre bastidores para seguir llevando el deporte adelante. Su compromiso sobre el hielo se ha transformado ahora en excelencia empresarial como empresario. A pesar de que ha cambiado de marcha hacia un papel empresarial, todavía ama el juego y está atento a los nuevos talentos. Wayne Gretzky es el símbolo de la excelencia deportiva y se puede colocar en el Monte Rushmore junto a todos los grandes.

Gretzky encarna el espíritu de un verdadero deportista. Su enfoque lo impulsó a la cima del hockey y transformó el deporte, llevando a sus compañeros de equipo y oponentes a alturas que no podrían haber imaginado. Gretzky entendió que, aunque tenía habilidades individuales, el hockey era un deporte de equipo. Por lo tanto, siempre empujó a quienes lo rodeaban para mantenerse al día con su nivel de élite. Como líder, jugador y modelo a seguir, Gretzky es la mayor exportación deportiva de Canadá.

Un prodigio del hockey

Wayne Gretzky nació con un par de patines en los pies en Ontario en 1961. Su padre, Walter, construyó una pista de hielo en su patio trasero, que cambiaría la vida del joven Wayne. Gretzky aprendió a patinar antes de poder caminar y pasó horas en el patio trasero para mejorar sus habilidades de pase, tiro y deslizamiento. A la tierna edad de solo dos años, Gretzky había comenzado a patinar. Inmediatamente se enamoró de él, y sus padres alentaron a su hijo a disfrutar del hockey y el patinaje. Una vez que le pusieron un palo de hockey en la mano, todo cambió. A partir de ese momento, Gretzky entendió a qué quería dedicar su vida.

La habilidad de Gretzky estaba más allá de su edad, por lo que su padre lo inscribió en la división de 10 años cuando solo tenía seis. En su primera temporada, no se las arregló bien con los niños más grandes que lo dominaron. Gretzky se dio cuenta de que iba a tener que superar a los jugadores más grandes para que su tamaño no influyera en los resultados. Aumentó un gol desde la primera temporada a 378 en la última.

Cuando era adolescente, Gretzky jugó en la liga de la Asociación de Hockey de Ontario. Solo estuvo allí una temporada, pero terminó como el segundo máximo anotador. Luego compitió en el Campeonato Mundial Juvenil de 1978, pero esta vez, fue el máximo anotador. El talento de la superestrella en ciernes era difícil de pasar por alto. El debut profesional de Gretzky fue con los Indianapolis Racers, donde se ubicó 25 juegos antes de que el equipo se retirara. Su contrato fue vendido a los Edmonton Oilers, donde lograría muchas de las hazañas más legendarias de su carrera.

Algunos dirían que Wayne Gretzky nunca se convirtió en "El Grande", pero siempre fue único. A los 6 años, Gretzky pasaba ocho horas al día en el hielo, impulsada por puro amor. Su singular obsesión lo impulsó a las alturas del deporte que nadie ha alcanzado desde entonces. Aunque el juego ha crecido desde la era de Gretzky, su dominio aún no se ha replicado.

Fue uno de los pocos novatos en ganar el premio al Jugador Más Valioso y fue considerado uno de los mejores antes de convertirse en profesional. Su carrera escolar y sus primeras actuaciones en la NHL demostraron que era algo especial. Gretzky se las arregló para mantener sus actuaciones inspiradoras, demostrando que no era un destello en la sartén. Su poder de permanencia y su capacidad para actuar dejaban a los espectadores asombrados constantemente. Su historia deportiva sigue sorprendiendo a cualquiera que se presente a ella por primera vez, elevando continuamente al Grande a un estatus mítico.

Gretzky luchó con un intenso miedo al fracaso desde su infancia. Su amor por el juego le causaba mucha ansiedad porque su deseo de ser el mejor ardía profundamente. Gretzky menciona cómo evolucionó su miedo a lo largo de su carrera. Cuando tenía 9 años, temía no entrar en el equipo. El terror de perder se extendió a su carrera en la NHL. Cuando Gretzky experimentó un período de sequía permaneciendo sin goles, la ansiedad de su infancia creció dentro de él. Gretzky explica cómo usó su miedo para darle una ventaja porque motivaba su arduo trabajo y le daba respeto por sus compañeros.

El más grande de todos los tiempos

En términos de dominio, piensas en Michael Jordan para el baloncesto, Babe Ruth para el béisbol y Wayne Gretzky para el hockey.

La brecha entre Gretzky y sus compañeros hizo que el juego se sintiera injusto. Leer libros de récords de hockey es como cantar repetidamente el nombre de Gretzky. Se retiró en 1999, pero muchos de los bares que estableció siguen en pie. Después de retirarse, Gretzky fue incluido inmediatamente en el Salón de la Fama. Tiene los récords de más goles en su carrera con 894, más asistencias en 1963 y más puntos en su carrera con 2867.

Los años 80 y 90 fueron una época difícil para el hockey. Cuando los espectadores modernos ven los juegos de este período de tiempo, se sorprenden y se preguntan cuáles eran las reglas. Las peleas en el banquillo eran excesivamente comunes, y los jugadores se lesionaban entre sí mucho más de lo que lo hacen hoy. Gretzky no era el jugador más físico, pero era suave. Sus rápidos movimientos lo hacían tan escurridizo que las tácticas de intimidación que eran comunes en ese momento no funcionaron. Gretzky ayudó a la transición del hockey para incluir más habilidad y trabajo en equipo porque las tácticas brutales del pasado ya no eran efectivas.

Gretzky atravesó el hielo como un demonio en patines. Su atletismo inigualable lo mantuvo moviéndose a toda velocidad durante todo el juego. A los jugadores les costaba seguirle el ritmo porque parecía ser más una máquina que un hombre. La competitividad de sus oponentes no podía alimentar ningún odio hacia Gretzky porque, aunque los arrastraba por el hielo, siempre exhibió un gran espíritu deportivo al mantenerse humilde, buscar mejorar constantemente y honrar a los jugadores.

El estilo de juego de Gretzky era imbatible. Llevó a los Oilers a la gloria de la Copa Stanley en 1984, 1985, 1987 y 1988. Salió encendido, anotando 51 goles y dando 86 asistencias en su primera temporada. Esto le valió el Trofeo Hart Memorial por ser el jugador más valioso de la liga. Ganaría el trofeo otras nueve veces. También terminaría como el máximo anotador de la liga durante siete años consecutivos.

La Copa Stanley[88]

Wayne Gretzky se convirtió en el mejor jugador de la historia de la NHL porque equilibró la grandeza individual con el trabajo en equipo. Ken Dryden comenta: *"Fue, creo, el primer delantero canadiense en jugar un verdadero juego de equipo".* Gretzky entendió que para crear un equipo ganador, no podían confiar en el dominio de un solo hombre. Por lo tanto, creaba jugadas tanto como anotaba. Gretzky era el más trabajador en el hielo y esperaba que todos sus compañeros de equipo siguieran el ritmo de sus movimientos relámpago. Gretzky practicó persistentemente todos los aspectos del deporte.

Su rápido ascenso y dominio sin precedentes le valieron el apodo de "El Grande". La obsesión de Wayne Gretzky creció hasta alcanzar proporciones inimaginables en Canadá. Tenía una muñeca producida en masa y el gobierno canadiense acuñó una moneda de Wayne Gretzky de un dólar. La manía de Gretzky alcanzó un punto álgido. Las masas no solo lo amaban por sus habilidades, sino que también admiraban su naturaleza de voz suave.

El estilo de juego de Gretzky era rápido e intenso. Movía el disco rápidamente y explotaba en las jugadas a balón parado. Cuando jugaba, era como si estuviera flotando sobre la arena, viendo a todos a vista de pájaro. Su inteligencia de juego le permitía predecir movimientos y ver aperturas como si tuviera visiones psíquicas. Gretzky explicó que nunca patinó hacia donde estaba el disco, sino que fue hacia donde estaría. Su habilidad para predecir el juego lo ayudó a configurar jugadas increíbles, lo que lo llevó a tener un número récord de asistencias.

Gretzky sacó lo mejor de sus compañeros, pero también lo empujaron a elevar su juego. Una de sus mayores rivalidades fue contra Mario Lemieux de los Pittsburg Penguins. Cuando los Edmonton Oilers y los Pittsburg Penguins se enfrentaron, la tensión entre los equipos hizo que el hielo se derritiera. Lemieux rompió la racha de ocho años de Gretzky ganando el trofeo Hart. Jugaron juntos en el equipo nacional, ganando la Copa Canadá. Gretzky le pasó el disco a Lemieux, dándole la oportunidad de anotar el gol de la victoria.

Gretzky era conocido por su precisión y atletismo, pero Lemieux era un maestro con el control del stick, cautivando a los fanáticos con sus movimientos únicos. Lemieux no aparece en los libros de récords tan a menudo como Gretzky, pero es un jugador legendario por derecho propio. Habló sobre la humildad de Gretzky, afirmando que ganó el trofeo Hart porque Gretzky se lesionó y que jugar junto a él en el equipo de Canadá lo ayudó a inspirarse. Nunca escucharás a ninguno de los contemporáneos de Gretzky decir una mala palabra sobre él, independientemente de cuán intensas se hayan vuelto sus rivalidades. Gretzky era una bestia en el hielo, pero siempre fue un caballero accesible con un corazón de oro.

Cuando Wayne Gretzky dejó los Edmonton Oilers por Los Angeles Kings, nunca logró mantener el dominio que alguna vez tuvo. Esto puede deberse a que no tuvo los mismos jugadores de apoyo que ayudaron a elevar su grandeza. Sin embargo, se mantuvo en la conversación por la lista de los mejores del juego. Lo más cerca que estuvo de ganar una Copa Stanley fue en la final contra los Montreal Canadiens, pero desafortunadamente perdieron.

Gretzky luego fue transferido a los St. Louis Blues, donde jugó solo una temporada antes de ser traspasado a los New York Rangers, poniendo fin a su increíble carrera en la NHL. Continuó activo en el deporte como propietario y entrenador. Además, apoyó a los jugadores jóvenes, demostrando los muchos beneficios de competir en hockey.

Cambiando las reglas del juego

El dominio de los delanteros de los Oiler llevó a la NHL a cambiar las reglas para minimizar el número de goles marcados. Están tratando de revertir muchas de estas reglas hoy en día porque los cambios de reglas miopes pasaron por alto cuán especial era Gretzky. No se dieron cuenta de que otros jugadores no igualarían su dominio durante décadas. El juego se volvió más rápido y el aumento de popularidad que facilitó Gretzky ayudó a que se invirtiera más en el deporte.

La carrera de Gretzky no estuvo exenta de polémica. Uno de los juegos que dañó la reputación de Gretzky, ganándole el título de tramposo, fue el sexto juego de la final de la Conferencia Oeste de 1993. Los Angeles Kings se enfrentaban a los Toronto Maple Leafs. En un momento decisivo para el partido, Gretzky cometió una falta con el palo alto contra Doug Gilmour. El árbitro, Kerry Fraser, no tomó la decisión, lo que habría resultado en un penal para Gretzky. Los medios de comunicación destrozaron a Gretzky, pero la peor parte de la presión recayó en Kerry Fraser. El árbitro admite que lo único de lo que se arrepintió en su carrera fue de haber tomado esa mala decisión, afirmando que sería lo que cambiaría si pudiera retroceder en el tiempo.

Gilmour no tenía nada negativo que decir sobre Gretzky, entendiendo que en la dura época de los 90, las cosas se calentaban en los juegos. También es más misericordioso con Fraser de lo que lo fue consigo mismo. Afirmó que el árbitro es humano y que todos cometemos errores. Sin embargo, Gilmour confió que cuando vuelve a ver el partido, se siente frustrado con Fraser porque siente que el palo alto no es la única mala decisión que se hace en el juego.

Los compañeros de Gretzky no niegan su grandeza porque los discos hablan por sí solos y él irradia positividad. El atletismo de la leyenda aumentó el ritmo del hockey, y la precisión con la que jugaba mantuvo a todos alerta. Gretzky también reveló la importancia de ser adaptable y ajustar tu estrategia durante el juego. Los expertos solían comentar cómo jugaba Gretzky, como si tuviera ojos en la parte posterior de la cabeza.

Llevando el hockey a las masas

La gente que no ha visto ni un solo minuto de un partido de hockey sabe quién es Wayne Gretzky. Su influencia cultural se extendió más allá del deporte. Cuando fue traspasado a Los Angeles Kings, la popularidad del hockey se volvió nuclear y se expandió a mercados inesperados.

Wayne Gretzky fue posiblemente la primera superestrella real del hockey. Tan pronto como se unió a los Kings, el deporte recibió un impulso nitroso sobrealimentado. La asistencia a los partidos en casa de Los Angeles Kings aumentó un 30%.

California tiene un clima cálido durante todo el año, por lo que nunca hubo demanda de hockey en el estado. Sin embargo, cuando Gretzky hizo del estado su hogar, la gente de todo Estados Unidos comenzó a sintonizar y los niños de todo el país querían unirse a un equipo. El estrellato de Gretzky como el mejor jugador en sostener un palo de hockey extendió la popularidad del deporte a regiones como Texas y otras partes templadas de los EE. UU. que tenían una gran cultura de fútbol o baloncesto, pero nunca abrazaron el hockey. Esto provocó que surgiera un huracán de nuevos jugadores, con la esperanza de ascender al dominio de Gretzky.

Doug Gilmour[34]

Su impacto en el crecimiento del deporte fue insondable. En California, una región donde el hockey nunca tuvo un impacto, las ligas de las escuelas secundarias crecieron rápidamente de cuatro equipos a 100 equipos en el espacio de dos años. La NHL comenzó a incluir más equipos a medida que los inversores vieron la oportunidad de aprovechar esta ola de popularidad. Pasó de 21 equipos a los 32 equipos que hoy participan en la liga.

Gretzky era la máxima celebridad en una ciudad donde se adoraba a las estrellas. Las visitas de turistas a su casa estaban fuera de control. Los autobuses turísticos se detenían regularmente cerca de su casa, con la esperanza de echar un vistazo a la leyenda. Ganó tanta fama que se repitió la fiebre Gretzky que se había apoderado de Canadá durante su tiempo en los Edmonton Oilers. El brillante jugador incluso presentó el popular programa de comedia Saturday Night Live. Todavía tiene una importante presencia en las redes sociales y es entrevistado regularmente en numerosas plataformas.

Aunque su trabajo en el hielo siempre será admirado, su mayor contribución al hockey fue el nuevo público al que puso el deporte frente a él. Nunca ganó una Copa Stanley con Los Angeles Kings, pero ponerse esa camiseta puede haberlo llevado al mayor logro de su carrera, que fue consolidar el hockey como un deporte a tener en cuenta.

La próxima generación

Como niño prodigio, Wayne Gretzky entendió la importancia de comenzar temprano. Los padres de Gretzky lo tenían en el hielo a los dos años, lo que probablemente contribuyó a su comprensión natural del juego. No todo el mundo tiene las oportunidades que él tuvo, así que para llenar el vacío y encontrar talento en las comunidades menos afortunadas, el ícono creó la Fundación Wayne Gretzky. La organización sin fines de lucro se dedica a desarrollar jóvenes talentos y financiar a jugadores que no pueden permitirse jugar. Este trabajo en comunidades desfavorecidas tiene como objetivo ayudar a mantener a los niños alejados de las influencias negativas de las drogas y el crimen. Gretzky entiende el poder de los deportes, por lo que los utiliza como una herramienta de elevación.

Su impulso filantrópico estuvo activo a lo largo de su carrera y continuó prosperando después. Gretzky creó conciencia y donó a muchas causas, incluidas organizaciones benéficas que trabajaban con personas ciegas. Demostró que los atletas tenían la responsabilidad de ser personas ejemplares porque los ojos de las masas estaban puestos en ellos.

Las victorias de Wayne Gretzky nunca se detuvieron una vez que se retiró de la NHL. Como director ejecutivo del equipo nacional canadiense, ganó el oro olímpico en los Juegos de Salt Lake en 2002. Esto fue después de que Canadá había pasado 50 años sin reclamar el primer lugar. Al igual que revitalizó el hockey, devolvió al equipo canadiense su gloria pasada. Desde que se retiró, Gretzky ha seguido siendo una presencia en el hockey, lo que ha atraído muchas miradas. Ha dado su opinión sobre diversos asuntos dentro y fuera del deporte y ha sido activo en la arena política.

Gretzky compró una participación minoritaria en los Phoenix Coyotes y más tarde se convirtió en el entrenador en jefe. Después de una temporada sin importancia con el equipo, Gretzky tuvo problemas financieros, ya que la marca estaba perdiendo dinero. Su relación con la NHL se agrió debido al dinero que debía de su tiempo en los Phoenix Coyotes, pero estos problemas finalmente se resolvieron y lograron superarlos. El Grande ha tenido muchos negocios y continúa disfrutando del éxito financiero. Es un hombre de familia que se mantiene alejado de la atención negativa de los medios.

El legado de Gretzky es uno de dedicación y una ética de trabajo insana. Su amor por el deporte lo ha impulsado a trabajar con nuevos talentos. Gretzky sigue de cerca el juego, comentando sobre nuevos jugadores que pueden estar a la altura de su legado. Como poseedor de 61 récords de la NHL, sigue siendo admirado como la superestrella que todo nuevo jugador quiere ser. La cautivadora carrera y el impecable carácter de Gretzky lo elevan como uno de los mejores atletas de todos los tiempos y una joya canadiense que representa al país con clase.

Las generaciones que nunca llegaron a ver jugar a Gretzky todavía gritan su nombre para imitar su grandeza cuando empujan una pelota de tenis en patines por una carretera suburbana. La influencia que tuvo para impulsar el hockey a nuevas alturas todavía se siente en las ligas y equipos que surgieron en un mundo post-Gretzky. Su carrera definió el deporte para muchas personas. Wayne Gretzky no solo será recordado como El Grande, sino que su nombre quedará ligado para siempre a dar vida al deporte que amaba.

Conclusión

La historia de Canadá es una mezcla deslumbrante de todos los individuos que contribuyeron a su grandeza. Todo comenzó cuando Sir John A. Macdonald, un abogado nacido en Escocia y criado en el Alto Canadá, fusionó las cinco provincias al norte de los Estados Unidos en un solo Dominio de Canadá. También se convirtió en su primer primer ministro con un largo y exitoso mandato de 19 años.

Así nació Canadá, pero con el tiempo se convirtió en el segundo país más grande del mundo gracias a los esfuerzos de exploración de John Franklin y sus guías inuit. Desafiando los riesgos de congelación, hipotermia, tormentas de hielo y la peligrosa vida silvestre en el frío, cartografió grandes regiones al norte del Círculo Polar Ártico y descubrió muchas tierras nuevas.

La lucha contra los elementos finalmente dio paso a la lucha contra otras naciones para obtener y preservar la independencia de Canadá. Sir Arthur Currie y Agnes Macphail, con su firme liderazgo militar y su inteligente defensa política, fueron fundamentales en la configuración de la historia.

Mucho antes de las dos guerras mundiales, otra feroz batalla librada en Quebec puso a las provincias canadienses bajo el dominio británico, gracias al héroe militar James Wolfe. La batalla terminó en 1759, cuando los británicos tomaron el control de Quebec de los franceses.

Dejando a un lado las guerras mundiales y las batallas por la supremacía, Viola Desmond y Nellie McClung lucharon por el bien: una cruzada contra la desigualdad social. Sus esfuerzos de activismo no solo condujeron a la igualdad de derechos de voto para las mujeres, sino que también allanaron el camino para la igualdad racial en el país. McClung también era autora, pero se centró en generar un cambio social.

La mundialmente conocida Lucy Maud Montgomery provocó un cambio literario. Sus novelas de ficción para niños todavía se narran como cuentos para dormir. Otra figura influyente, Alexander Graham Bell, llevó la comunicación a su pináculo con la revolucionaria invención del teléfono. Este simple dispositivo avanzaría en muchas industrias y campos de estudio en todo el mundo.

El progreso tecnológico no afectó negativamente a la conservación del medio ambiente, sobre todo gracias a Archibald Belaney, que adoptó la cultura indígena y luchó por la preservación de la naturaleza.

En el Canadá moderno, se destacan dos figuras notables. Wilfrid Laurier, uno de los primeros ministros más influyentes de todos los tiempos, era conocido por su magnética personalidad y su aguda perspicacia política. Fue responsable de consolidar a Canadá en el mapa mundial e introducir políticas revolucionarias en el gobierno. El segundo es Wayne Gretzky, quien dejó una impresión memorable en la pista de hockey sobre hielo en las décadas de 1970, 1980 y 1990 con sus locas habilidades.

Mirar hacia atrás en todos estos momentos cruciales en la historia de Canadá ha inspirado a muchos más a ayudar a dar forma a un futuro mejor. Aunque estas notables figuras históricas transformaron el país para mejor, todavía hay potencial para más cambios.

Mira otro libro de la serie

Ahoy Publications

Personajes Notables

de la Historia de Inglaterra

LA VIDA Y EL IMPACTO DE LOS
PERSONAJES MÁS IMPORTANTES DE
INGLATERRA A TRAVÉS DE LOS SIGLOS

Referencias

Alex, T., er, & Foundation, M. B. L. (2021, October 1). Alexander Graham Bell Biography – Alexander & Mabel Bell. Www.belllegacy.org. https://www.belllegacy.org/articles/alexander-graham-bells-biography/

Alexander Graham Bell biography – Science Hall of Fame – National Library of Scotland. (n.d.). Digital.nls.uk. https://digital.nls.uk/scientists/biographies/alexander-graham-bell/index.html

Alexander Graham Bell: Inventor of the Telephone. (2018). Ducksters.com. https://www.ducksters.com/biography/alexander_graham_bell.php

Battle of Quebec. (n.d.). Www.nam.ac.uk. https://www.nam.ac.uk/explore/battle-quebec

Bayliss, R. (2002). Sir John Franklin's Last Arctic Expedition: A Medical Disaster. JRSM, 95(3), 151–153. https://doi.org/10.1258/jrsm.95.3.151

BBC – History – Alexander Graham Bell. (2014). Www.bbc.co.uk. https://www.bbc.co.uk/history/historic_figures/bell_alexander_graham.shtml

Bélanger, R. (2018). Sir Wilfrid Laurier | The Canadian Encyclopedia. Thecanadianencyclopedia.ca. https://www.thecanadianencyclopedia.ca/en/article/sir-wilfrid-laurier

Bingham, R. (2013, January 27). Viola Desmond | The Canadian Encyclopedia. The Canadian Encyclopedia. https://www.thecanadianencyclopedia.ca/en/article/viola-desmond

Biography. (2019, September 9). Alexander Graham Bell – Inventions, Telephone & Facts. Biography. https://www.biography.com/inventors/alexander-graham-bell

Black History Month: Remembering Canadian Civil Rights Icon Viola Desmond. (2016, February 7). CBC. https://www.cbc.ca/news/canada/viola-desmond-wanda-robson-black-history-month-1.3430629

Brower, K. (1990). Grey Owl – 90.01. Www.theatlantic.com. https://www.theatlantic.com/past/docs/issues/90jan/greyowl.htm

Canadian Leaders – Sir Wilfrid Laurier. (n.d.). Canada and the First World War. https://www.warmuseum.ca/firstworldwar/history/people/canadian-leaders/sir-wilfrid-laurier/

Cavanaugh, C., & McLeod, S. (2018). Irene Parlby | The Canadian Encyclopedia. Thecanadianencyclopedia.ca. https://www.thecanadianencyclopedia.ca/en/article/mary-irene-parlby

Chatterjee, S. (2022, December 28). "I Was Like That in School Too": Wayne Gretzky's Unhealthy Childhood Habit Once Carried Over to the NHL. EssentiallySports. https://www.essentiallysports.com/us-sports-news-nhl-news-i-was-like-that-in-school-too-wayne-gretzkys-unhealthy-childhood-habit-once-carried-over-to-the-nhl/

de Bruin, T. (2008, April 1). Agnes Macphail | The Canadian Encyclopedia. Thecanadianencyclopedia.ca. https://www.thecanadianencyclopedia.ca/en/article/agnes-macphail

Edwardian: Era, Characteristics & Literature. (n.d.). Vaia. https://www.vaia.com/en-us/explanations/english-literature/literary-movements/edwardian/

Eggington, R. (n.d.). James Wolfe. Historic UK. https://www.historic-uk.com/HistoryUK/HistoryofBritain/James-Wolfe/

Elite Prospects – Gretzky vs. Lemieux: A Timeless Debate of Hockey Greatness. (2023, October 11). Www.eliteprospects.com. https://www.eliteprospects.com/page/wayne-gretzky-vs-mario-lemieux-a-clash-of-hockey-legends

Fitzpatrick, K. (2006). Cultural Advice. Australian Dictionary of Biography; National Centre of Biography, Australian National University. https://adb.anu.edu.au/biography/franklin-sir-john-2066

Fox, L. (2016, June 7). Kerry Fraser Opens up about Gretzky's High Stick on Gilmour. Www.sportsnet.ca. https://www.sportsnet.ca/hockey/nhl/kerry-fraser-would-take-back-high-sticking-call-wayne-gretzky-doug-gilmour-game-6-1993-maple-leafs-kings/

George, C. (2021, May 6). 10 Favourite Quotes of Sir John A. Macdonald | By George Journal. Www.bygeorgejournal.ca. https://www.bygeorgejournal.ca/?p=2722

Government of Canada. (2017, August 11). About The Crown. Www.canada.ca. https://www.canada.ca/en/canadian-heritage/services/crown-canada/about.html#a1

Grey Highlands Public Library. (2018, November 13). Welcome to the Agnes Macphail Website. Www.greyhighlandspubliclibrary.com . https://www.greyhighlandspubliclibrary.com/AgnesMacphail/

H. Marsh, J. (n.d.). Sir Wilfrid Laurier: the Politics of Compromise | The Canadian Encyclopedia. Www.thecanadianencyclopedia.ca. https://www.thecanadianencyclopedia.ca/en/article/laurier-the-first-canadian-feature

Hallett, M. E. (2018, October 3). Nellie McClung | The Canadian Encyclopedia. Thecanadianencyclopedia.ca. https://www.thecanadianencyclopedia.ca/en/article/nellie-letitia-mcclung

Hastings Museum and Art Gallery. (n.d.). Grey Owl – Hastings Museum and Art Gallery. Hastings Museum and Art Gallery. https://www.hmag.org.uk/explore/stories/grey-owl/

Hasty, A. (2024, February 4). Lucy Maud Montgomery: A Literary Legacy of Endearing Characters and Timeless Stories. Hasty Book List. https://www.hastybooklist.com/blog/lucy-maud-montgomery

Historica Canada Teacher Community. (n.d.). Agnes Macphail | Historica Canada Education Portal. Education.historica canada.ca. http://education.historicacanada.ca/en/tools/106

History Spotlight: Sir Wilfrid Laurier – Canada's History. (2015). Canadashistory.ca. https://www.canadashistory.ca/explore/prime-ministers/history-spotlight-sir-wilfrid-laurier

History.com Editors. (2009, November 2). Battle of Quebec (1759). HISTORY. https://www.history.com/topics/native-american-history/battle-of-quebec-1759

Hyatt, A. m.j. (2017). Sir Arthur Currie | The Canadian Encyclopedia. Thecanadianencyclopedia.ca. https://www.thecanadianencyclopedia.ca/en/article/sir-arthur-currie

Jackel, S. (2008, April 1). Emily Murphy. The Canadian Encyclopedia. https://www.thecanadianencyclopedia.ca/en/article/emily-murphy

Jackson, C. M. (2022, May 5). Emily of New Moon Trilogy. LitReaderNotes. https://www.litreadernotes.com/home/2022/4/5/emily-of-new-moon-trilogy

James Wolfe: The Heroic Martyr. (2019). Nam.ac.uk. https://www.nam.ac.uk/explore/James-Wolfe

John A. Macdonald. (2021). Www.cbc.ca. https://www.cbc.ca/history/EPCONTENTSE1EP8CH3PA1LE.html

Johnson, J. K., & Waite, P. B. (1990). Biography – MacDonald, Sir John Alexander – Volume XII (1891-1900) – Dictionary of Canadian Biography. Www.biographi.ca. http://www.biographi.ca/en/bio/macdonald_john_alexander_12E.html

Kellie Elrick. (2024, March 12). Revisiting Lucy Maud Montgomery. The Tribune. https://www.thetribune.ca/a-e/revisiting-lucy-maud-montgomery-12032024/

Klavon, K. (2014, January 4). Why Wayne Gretzky is the Greatest Athlete Ever. Bleacher Report; Bleacher Report. https://bleacherreport.com/articles/1906423-why-wayne-gretzky-is-the-greatest-athlete-ever

Lemieux Breaks Gretzky's 8-Yaer String of MVP Awards. (1988, June 9). Deseret News. https://www.deseret.com/1988/6/9/18768354/lemieux-breaks-gretzky-s-8-year-string-of-mvp-awards/

Louis-Joseph de Montcalm. (n.d.). American Battlefield Trust. https://www.battlefields.org/learn/biographies/louis-joseph-de-montcalm

MacKay, P. (n.d.). John A. Macdonald, The Indispensable Politician. Macdonald-Laurier Institute. https://macdonaldlaurier.ca/confederation-project/john-a-macdonald/

Magazine, S., & Braganza, V. M. (2023, May). The Author of "Anne of Green Gables" Lived a Far Less Charmed Life Than Her Beloved Heroine. Smithsonian Magazine. https://www.smithsonianmag.com/arts-culture/lm-montgomery-anne-green-gables-life-180981839/

McGill University. (2023, April 3). Sir Arthur Currie, 1920-1933. Office of the President and Vice-Chancellor. https://www.mcgill.ca/president/article/past-principals/sir-arthur-currie-1920-1933

McIntosh, A., & Devereux, C. (2013, January 1). Lucy Maud Montgomery | The Canadian Encyclopedia. Thecanadianencyclopedia.ca. https://www.thecanadianencyclopedia.ca/en/article/montgomery-lucy-maud

McIntosh, A., Gagnon, C., & Besner, N. (2009, March 26). Anne of Green Gables | The Canadian Encyclopedia. Www.thecanadianencyclopedia.ca. https://www.thecanadianencyclopedia.ca/en/article/anne-of-green-gables

McLeod, S. (2016, February 11). Carrie Best | The Canadian Encyclopedia. Www.thecanadianencyclopedia.ca. https://www.thecanadianencyclopedia.ca/en/article/carrie-best

Milestones: 1750–1775 – Office of the Historian. (n.d.). History.state.gov. https://history.state.gov/milestones/1750-1775/french-indian-war

Nast, C. (2023, October 11). Wayne Gretzky, Hockey's GOAT, Is Still the Sport's Biggest Booster: "Everybody Has to Be an Ambassador." Vanity Fair. https://www.vanityfair.com/news/2023/10/wayne-gretzky-hockey-tnt

Nielsen, L. A. (2019, September 18). Grey Owl, Pioneering Conservationist in Canada, Born (1888). Today in Conservation. https://todayinconservation.com/2019/06/september-18-grey-owl-pioneering-conservationist-in-canada-born-1888/

O'Brien, S. (2017, October 5). 13 Things You Didn't Know about Sir John Franklin's Doomed Arctic Expedition | Boundless by CSMA. Www.boundless.co.uk. https://www.boundless.co.uk/news-competitions/lifestyle/13-things-about-sir-john-franklin-expedition

Pacheco, A. (n.d.). Anne of Green Gables: A Multi-Generational Experience. Www.anneofgreengables.com. https://www.anneofgreengables.com/blog-posts/anne-of-green-gables-a-multi-generational-experience

Parliament of Canada. (2019). Women's Right to Vote in Canada. Parl.ca. https://lop.parl.ca/sites/ParlInfo/default/en_CA/ElectionsRidings/womenVote

Petrovic, Jean. (2021). Celebrating Viola Desmond, Carrie Best, and a New Philatelic Acquisition.Blogs.bl.uk. https://blogs.bl.uk/americas/2021/12/viola-desmond-etc.html

Prahl, A. (n.d.). The Fascinating, Heartbreaking Life of "Anne of Green Gables" Author. ThoughtCo. https://www.thoughtco.com/lucy-maud-montgomery-author-4586962

Ramesar, V. (2022, February 8). Wanda Robson, Activist Who Championed Legacy of Her Sister Viola Desmond, Dies at 95.CBC. https://www.cbc.ca/news/canada/nova-scotia/wanda-robson-viola-desmond-death-1.6342349

ScienCentral, mailto:webmaster@sciencentral.com. (2019). Alexander Graham Bell. Pbs.org. https://www.pbs.org/transistor/album1/addlbios/bellag.html

Secoy, D. (n.d.). Grey Owl (Archibald Stansfeld Belaney) – Indigenous Saskatchewan Encyclopedia | University of Saskatchewan. Teaching.usask.ca. https://teaching.usask.ca/indigenoussk/import/grey_owl_archibald_stansfield_belaney.php

Silverman, E. L., & McLeod, S. (2018a). Henrietta Edwards | The Canadian Encyclopedia. Thecanadianencyclopedia.ca. https://www.thecanadianencyclopedia.ca/en/article/henrietta-louise-edwards

Silverman, E. L., & McLeod, S. (2018b). Louise McKinney | The Canadian Encyclopedia. Thecanadianencyclopedia.ca. https://www.thecanadianencyclopedia.ca/en/article/louise-mckinney

Smith, D. B. (2008, June 17). Archibald Belaney, Grey Owl | The Canadian Encyclopedia. Www.thecanadianencyclopedia.ca. https://www.thecanadianencyclopedia.ca/en/article/archibald-belaney-grey-owl

Susan Munroe. (2019). Biography of Nellie McClung, Canadian Activist for Women's Rights. ThoughtCo. https://www.thoughtco.com/nellie-mcclung-508318

The Arctic Expedition of Sir John Franklin (1845 - 1848). (n.d.). Climate in Arts and History. https://www.science.smith.edu/climatelit/the-arctic-expedition-of-sir-john-franklin-1845-1848/

The Nellie McClung Foundation. (n.d.). Nellie McClung | the Nellie McClung Foundation. Nellie McClung. https://www.nelliemcclungfoundation.com/about-nellie

The Story of Mary Macdonald. (n.d.). Villa Les Rochers: Summer Residence of Sir John A. And Lady Agnes Macdonald. https://www.communitystories.ca/v2/les-rochers/story/story-mary-macdonald/

Timeline of Human Rights Development in Canada-Key 9.1.2 a Note: Cut out each event without the date. (n.d.). https://www.edu.gov.mb.ca/k12/cur/socstud/foundation_gr9/blms/9-1-2a.pdf

Tomlinson, A. (2016, February 7). Black History Month: Remembering Canadian civil rights icon Viola Desmond. CBC. https://www.cbc.ca/news/canada/viola-desmond-wanda-robson-black-history-month-1.3430629

Toolkit, W. E. (2015, May 11). Lucy Maud Montgomery and Anne of Green Gables. Www.princeedwardisland.ca. https://www.princeedwardisland.ca/en/information/lucy-maud-montgomery-and-anne-of-green-gables

Twitter. (2014, October 3). Erebus, Lost in 1846 Seeking Northwest Passage, Has Been Found. Los Angeles Times. https://www.latimes.com/world/mexico-americas/la-fg-mexico-americas-canada-shipwreck-20141003-story.html

Valour Canada. (2016, October 7). Byng and Currie | The Road to Vimy Ridge. Vimy Ridge.valour canada.ca. https://vimyridge.valourcanada.ca/the-road-to-vimy-ridge/gearing-up/byng-and-currie/

Viola Desmond – A Brief History of a Nova Scotia Trailblazer. (n.d.). Www.ambassatours.com. https://www.ambassatours.com/post/viola-desmond-a-brief-history

Waite, P. B. (2013, September 22). Confederation | The Canadian Encyclopedia. Thecanadianencyclopedia.ca; The Canadian Encyclopedia. https://www.thecanadianencyclopedia.ca/en/article/confederation

Wayne Gretzky was the Great One from the Start. (2018, June 21). CBC. https://www.cbc.ca/archives/the-young-wayne-gretzky-was-already-the-great-one-1.4684050

Wayne Gretzky. (2023, September 25). Biography. https://www.biography.com/athlete/wayne-gretzky

What Were Residential Schools in Canada? (2021, August 29). Settlement.org. https://settlement.org/ontario/immigration-citizenship/citizenship/first-nations-inuit-and-metis-peoples/what-were-canada-s-residential-schools/

Whitelaw, M. (2023, January 5). How the Inuit Shaped Arctic Exploration. Resources.arctickingdom.com. https://resources.arctickingdom.com/how-the-inuit-shaped-arctic-exploration

Who was Sir Wilfrid Laurier? | Wilfrid Laurier University. (n.d.). Www.wlu.ca. https://www.wlu.ca/about/assets/resources/sir-wilfrid-laurier.html

Who Was Viola Desmond? | Wonderopolis. (n.d.). Wonderopolis.org. https://wonderopolis.org/wonder/Who-Was-Viola-Desmond

Wilfrid Laurier | The Canada Guide. (2016). The Canada Guide. https://thecanadaguide.com/history/prime-ministers/wilfrid-laurier/

Women's Suffrage | The Nellie McClung Foundation. (n.d.). Nellie McClung. https://www.nelliemcclungfoundation.com/womens-suffrage

Fuentes de imágenes

[1] https://commons.wikimedia.org/wiki/File:Portrait_of_John_A_Macdonald_by_Delos_C_Bell.jpg

[2] https://commons.wikimedia.org/wiki/File:Isabella_Clark.jpg

[3] https://commons.wikimedia.org/wiki/File:SABernard.jpg

[4] https://commons.wikimedia.org/wiki/File:John_Franklin.jpg

[5] https://commons.wikimedia.org/wiki/File:Portrait_of_Eleanor_Anne_Porden,_Lady_Franklin_(1795-1825),_on_a_chaise_longue_by_Maria_Flaxman.jpg

[6] Shannon1, CC BY-SA 4.0 <https://creativecommons.org/licenses/by-sa/4.0>, vía Wikimedia Commons. https://commons.wikimedia.org/wiki/File:Mackenzie_River_basin_map.png

[7] Hans van der Maarel, CC BY-SA 4.0 <https://creativecommons.org/licenses/by-sa/4.0>, vía Wikimedia Commons. https://commons.wikimedia.org/wiki/File:Franklin%27s-Lost-Expedition.png

[8] https://commons.wikimedia.org/wiki/File:Womanpower_logo.svg

[9] https://commons.wikimedia.org/wiki/File:Viola_Desmond.jpg

[10] Dan Conlin, CC BY-SA 4.0 <https://creativecommons.org/licenses/by-sa/4.0>, vía Wikimedia Commons. https://commons.wikimedia.org/wiki/File:Roselandtheater1.jpg

[11] https://commons.wikimedia.org/wiki/File:The_Clarion,_volume_2,_number_11,_page_3.jpg

[12] https://commons.wikimedia.org/wiki/File:Nellie_McClung.jpg

[13] Sociedad Histórica de Agricultores Unidos, CC BY 2.0 <https://creativecommons.org/licenses/by/2.0>, vía Wikimedia Commons. https://commons.wikimedia.org/wiki/File:Irene_Parlby_-_(ca._1919_-_1935)_(16661079517)_(recortado).jpg

[14] https://commons.wikimedia.org/wiki/File:Grey_Owl.jpg

[15] *Jamie B. de EE.UU., CC BY 2.0 <https://creativecommons.org/licenses/by/2.0>, vía Wikimedia Commons. https://commons.wikimedia.org/wiki/File:Riding_mountain_national_park_3_-_reflection.jpg*

[16] *https://www.pexels.com/photo/beaver-in-a-forest-20189110/*

[17] *https://commons.wikimedia.org/wiki/File:William_Orpen_-_Sir_Arthur_Currie.jpg*

[18] *https://commons.wikimedia.org/wiki/File:Miss_Agnes_McPhail,_M.P_1934.jpg*

[19] *https://commons.wikimedia.org/wiki/File:Th%C3%A9r%C3%A8se_Forget_Casgrain.png*

[20] *https://commons.wikimedia.org/wiki/File:James_Wolfe.jpeg*

[21] *À venir., CC0, vía Wikimedia Commons. https://commons.wikimedia.org/wiki/File:Unknown_Artist,_Louis-Joseph,_Marquis_de_Montcalm_(mediados de 19_century)_001.jpg*

[22] *https://commons.wikimedia.org/wiki/File:Treaty_of_Paris_(1783).jpg*

[23] *https://commons.wikimedia.org/wiki/File:Alexander_Graham_Bell.jpeg*

[24] *Philip Allfrey, CC BY-SA 2.5 <https://creativecommons.org/licenses/by-sa/2.5>, vía Wikimedia Commons. https://commons.wikimedia.org/wiki/File:University_of_Edinburgh_coat_of_arms.JPG*

[25] *https://commons.wikimedia.org/wiki/File:Alexander_Graham_Telephone_in_Newyork.jpg*

[26] *https://commons.wikimedia.org/wiki/File:Lucy_Maud_Montgomery_(CANADIAN_POETS,_1916).png*

[27] *Ignorethissign, CC BY-SA 4.0 <https://creativecommons.org/licenses/by-sa/4.0>, vía Wikimedia Commons. https://commons.wikimedia.org/wiki/File:Ewan_macdonald_1900.jpg*

[28] *https://commons.wikimedia.org/wiki/File:Emilyofnewmoon.png*

[29] *https://commons.wikimedia.org/wiki/File:Sir_Wilfrid_Laurier_M.P._April_1874.jpg*

[30] *https://commons.wikimedia.org/wiki/File:AntoineAimeDorion23.jpg*

[31] *https://commons.wikimedia.org/wiki/File:Henri_Bourassa.jpg*

[32] *La persona que subió el video original fue Hakandahlstrom en la Wikipedia en inglés. Las versiones posteriores fueron subidas por IrisKawling en es.wikipedia., CC BY-SA 3.0 <https://creativecommons.org/licenses/by-sa/3.0>, a través de Wikimedia Commons. https://commons.wikimedia.org/wiki/File:Wgretz.jpg*

[33] *Alex Goykhman, CC BY-SA 4.0 <https://creativecommons.org/licenses/by-sa/4.0>, vía Wikimedia Commons. https://commons.wikimedia.org/wiki/File:Stanley_Cup,_2015.jpg*

[34] *Newsker93, CC BY-SA 3.0 <https://creativecommons.org/licenses/by-sa/3.0>, vía Wikimedia Commons. https://commons.wikimedia.org/wiki/File:Doug_%22Killer%22_Gilmour.jpg*